国家级热贡文化生态保护区建设成果丛书

黄南州热贡文化生态保护区管理委员会　主编

HUANGNAN ZANGZU ZIZHIZHOU

FEIWUZHI
WENHUA YICHAN MINGLU TUDIAN

黄南藏族自治州非物质文化遗产名录图典

黄南藏族自治州文体旅游广电局　编

青海人民出版社

图书在版编目（CIP）数据

黄南藏族自治州非物质文化遗产名录图典 / 黄南藏
族自治州文体旅游广电局编 . -- 西宁：青海人民出版社，
2024.11
　ISBN 978-7-225-06662-2

　Ⅰ. ①黄… Ⅱ. ①黄… Ⅲ. ①非物质文化遗产 — 黄南
藏族自治州 — 图录 Ⅳ. ① G127.442-64

中国国家版本馆 CIP 数据核字（2023）第229725 号

黄南藏族自治州非物质文化遗产名录图典

黄南藏族自治州文体旅游广电局　编

出 版 人　樊原成
出版发行　青海人民出版社有限责任公司
　　　　　　西宁市五四西路71号　邮政编码：810023　电话：（0971）6143426（总编室）
发行热线　（0971）6143516 / 6137730
网　　址　http://www.qhrmcbs.com
印　　刷　青海雅丰彩色印刷有限责任公司
经　　销　新华书店
开　　本　787mm×1092mm　1/8
印　　张　32.5
字　　数　280 千
版　　次　2024 年 11 月第 1 版　2024 年 11 月第 1 次印刷
书　　号　ISBN 978-7-225-06662-2
定　　价　288.00 元

前言 。

黄南藏族自治州是青藏高原上地貌多样、民族众多的地区，这里居住着藏、汉、蒙古、土、回等世居民族，因此黄南州特色鲜明的民族文化、农耕文化、草原文化、河湖文化、山地文化交错盛行。黄南地区勤劳的各民族在生产生活中经过长期的探索，在民间文学、绘画、戏剧、音乐、歌舞、雕塑、游艺、医学、冶炼、造纸、印刷、建筑、编制、服饰、烹饪、礼仪、节庆、体育竞技等生产生活中积累了丰富的社会实践经验，使黄南成为青海地区最富集的非物质文化遗产之地，尤其热贡艺术、黄南藏戏、土族於菟、同仁土烧馍等声名远播。非物质文化遗产的保护、传承、宣传已成为黄南州重要的工作任务。

自 2003 年非物质文化遗产保护工程启动以来，黄南州坚持党对非物质文化遗产保护工作的领导。党的十八大以来黄南州以铸牢中华民族共同体意识为指导，重点推动非遗在脱贫攻坚、乡村振兴、文旅发展、热贡艺术之乡打造等国家和青海省重大战略中发挥的重要作用，推介非遗融入现代生活，绽放时代风采，为服务地区文化旅游和社会发展贡献力量。

为了全面展示黄南非物质文化遗产，展现黄南非物质文化遗产保护的最新成果，我们编辑出版了《黄南藏族自治州非物质文化遗产名录图典》。本书以图文并茂的形式，系统地介绍了全州 8 项国家级项目、36 项省级项目、192 项州级项目，全书在历史渊源、分布区域、传承人名录、传承方式、社会作用、文化价值等方面集知识性与学术性于一体，直观又深刻地呈现黄南地区非物质文化遗产现状。

本书的出版问世，将对继续保护、传承、发扬地区非物质文化遗产，增强地域文化自信，助推社会主义先进文化建设，激发民族文化创新创造活力，起到积极作用。

黄南州热贡文化生态保护区管理委员会

黄 南 藏 族 自 治 州 文 体 旅 游 广 电 局

2024 年 10 月

目 录

黄南藏族自治州
州级非物质文化遗产项目名录

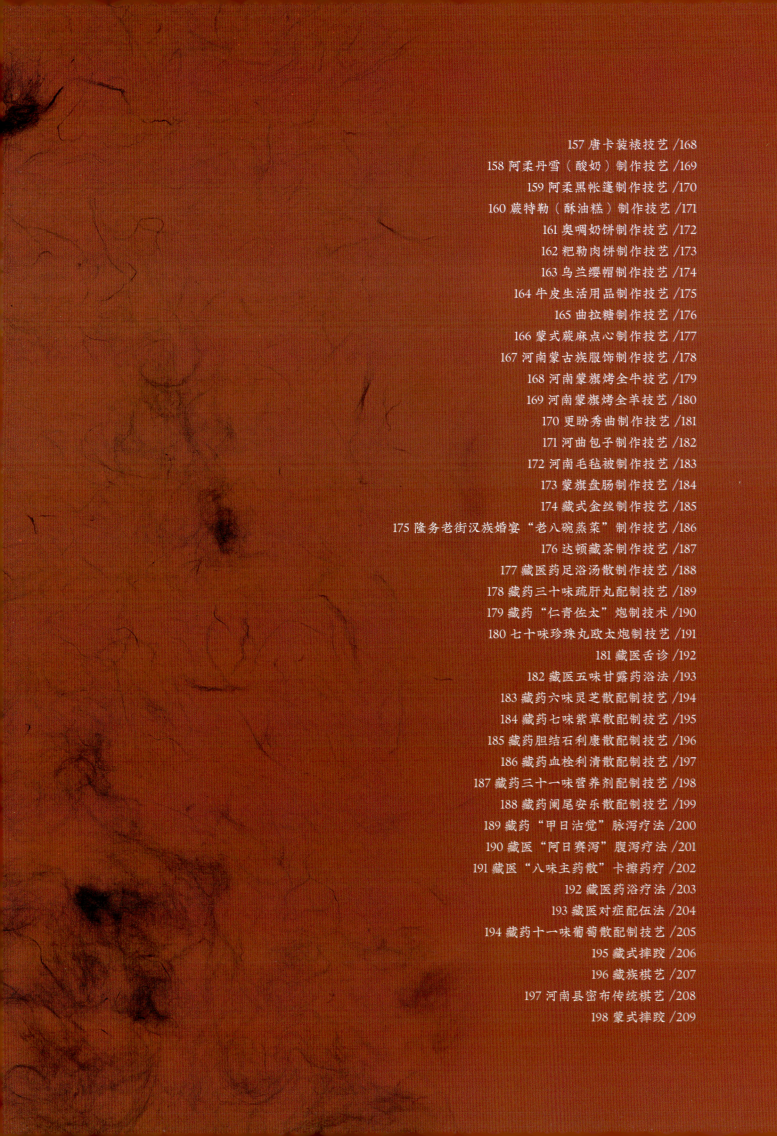

黄南藏族自治州

世界级、国家级

非物质文化遗产项目名录

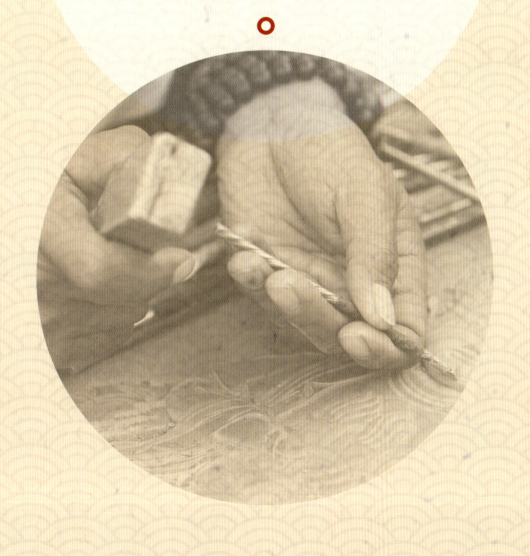

001
热贡艺术

热贡艺术是一项民间传统美术技艺，主要指唐卡、壁画、堆绣、雕塑等绘画造型艺术，以藏传佛教中的佛本生故事、藏族历史人物、神话传说和史诗为主要内容，也包括一些世俗生活内容。艺人通过使用画布、画笔、颜料、丝绸锦缎等材料和工具，制作唐卡、堆绣、雕塑等手工艺品。热贡艺术可分为彩绘雕塑艺术、建筑艺术、舞蹈艺术、音乐戏剧艺术、服饰艺术和民风民俗艺术六大类。

热贡艺术的创作群集中在同仁市吾屯上庄下庄、尕沙日、年都乎村等，传承方式以师徒传承和父子传承为主，他们将传统知识与历史记忆用特殊艺术形式加以传承。传承人有国家级传承人和省级传承人，有夏吾角、娘本、尕藏等传承人。热贡艺术种类多样，题材丰富，技艺精湛，集中体现了热贡地区藏传佛教寺院文化的艺术精髓。热贡艺术不断走向外部世界，在早期，艺人们长年累月地到处作画，足迹遍及青、藏、甘、川、新疆和内蒙古等省区，以及印度、缅甸和尼泊尔等国家。热贡艺术作为非物质文化遗产，是各民族发展的历史见证和民间文化的重要载体，对增强各族群众的民族自豪感和文化认同感有着重要作用。热贡艺术被誉为"中国民间文化艺术宝库中一颗璀璨的明珠""青藏高原上一朵艺术奇葩"。

热贡艺术于 2006 年 5 月 20 日列入国家级非物质文化遗产代表性项目名录；2009 年热贡艺术入选联合国教科文组织人类非物质文化遗产代表作名录。

002
藏戏（黄南藏戏）

　　藏戏（黄南藏戏）是从寺院宗教仪式中分离出来，逐渐形成以唱为主，与诵、舞、表、白、技等基本程式相结合的生活化表演。藏戏的剧本既重音律，又重意境，大量应用格言、歌谣和谚语，还在情节中穿插寓言故事，保留了藏族古代文学语言的精华。藏戏（黄南藏戏）是安多语系藏戏的一个重要支系，在最新的剧目中既有六弦等藏族传统乐器伴奏，又加入以民乐为主的大型现代混合乐队，在形成间奏气氛音乐的同时，又可以直接为唱腔伴奏。

藏戏（黄南藏戏）目前主要流行于黄南地区，具有广泛的群众性和民间传承性。民间和寺院藏戏队，始终与社会民众保持着密切联系。现有传承人1200名，主要以剧团、戏团的方式传承。藏戏（黄南藏戏）布景和舞台美术富丽堂皇，神奇秀逸，令人耳目一新；其剧本也代表着藏族文学的一个高峰；其唱腔高亢雄浑，悦耳动听，当地的酒曲、民间小调等被作为表演音乐的唱腔素材，同时也保留了宗教音乐的成分。藏戏（黄南藏戏）演出剧目除八大传统藏戏外，还有一些地区特有的剧目。藏戏（黄南藏戏）独特的审美观念和文化底蕴，形成了具有浓郁的黄南地区和民族特色的演出习俗，集黄南文化之大成，内容绚丽多姿，内涵丰富、异彩纷呈，形式独特且流传久远，是我国民族文化艺术的瑰宝。

藏戏（黄南藏戏）于2006年5月20日列入国家级非物质文化遗产代表性项目名录；2009年黄南藏戏入选联合国教科文组织人类非物质文化遗产代表作名录。

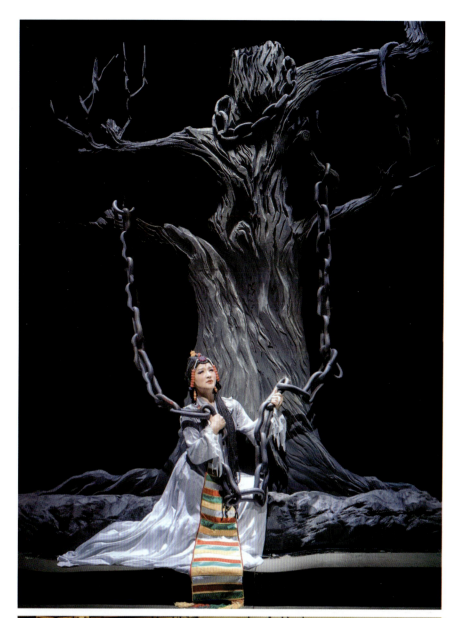

003
土族於菟

　　"於菟"是舞者的称谓。土族於菟既是图腾崇拜的一种遗俗，也是土族的一种传统舞蹈，于每年农历十一月初五至二十日举行，包含念平安经、人神共娱、祛疫逐邪等仪式。仪式开始时，名为於菟的舞者在赤裸的上身绘上虎豹图案，沿村进行表演，挨家挨户跳舞。同仁市热贡地区土族人以跳於菟的祭祀活动来驱逐妖魔，保佑太平。

　　土族於菟曾在隆务河流域部分村落中流传，现仅在年都乎村传承，且已处于濒临失传的状态。传承人有阿吾及其他村民，传承方式以家族形式的父子相传为主。表演由 7 名健壮的青年男子完成，舞者上身裸露，下身将裤腿卷至大腿部，用锅底灰和墨汁将虎状脸谱绘至脸部，将全身画满虎状斑纹。装扮好的於菟们在完成一系列宗教仪式后，跳跃至各家各户事先预备好的鲜肉、圈馍等食物前。土族於菟是原古拟兽舞在当代土族民俗活动中的形态表现，是原古舞蹈中最常见、最有代表性的舞蹈形式，从社会功能来看，它是一种祈求身体健康、社区平安、风调雨顺、五谷丰登的祭祀仪式。於菟舞原始而古朴，是重要的土族舞蹈文化遗产，反映了土族传统文化风貌，保护於菟对展示土族传统文化的原生性和丰富性，增强土族人民的民族认同感和文化自信具有重大意义。

　　土族於菟于 2006 年 5 月 20 日列入国家级非物质文化遗产代表性项目名录。

004
热贡"六月会"

　　"六月会"藏语称"周卦勒柔",是一项传统的民俗活动,原始风味极为浓厚,融宗教、祭祀、娱神、娱人于一体。"六月会"主要活动有:祭神、上口扦、上背扦、跳舞、爬龙杆、打龙鼓,活动最后是法师"开山"。"六月会"的宗教活动与农牧业生产中的祭祀活动有着密切的联系,是古代先民崇敬自然和神灵的宗教意识的延续。关于热贡"六月会"的起源有两种传说,第一种是唐蕃和解庆和平;第二种是元军务农祈安康。歌舞表演贯穿"六月会"的始终,其主要分为"拉什则"(神舞)、"勒什则"(龙舞)和"莫合则"(军舞)三大类。

　　热贡"六月会"流传于黄南藏族自治州同仁市境内,已有400多年的历史,在每年农历六月十五日至廿八日举办,同仁地区的藏族和其他民族都广泛参与,以村落自发组织的方式进行传承。"六月会"的各种仪式活动都由拉哇(法师)主持和安排,正式参加者为所

有的男子和年轻未婚的女子，每年农历六月沿同仁市隆务河绵延二十里的河谷两岸，几十个村庄数以万计的群众集体参加。"六月会"表演的具体内容在不同村庄呈现出多样性。热贡"六月会"具有很强的传统文化特性，它集仪式、庆典、歌舞、民间小戏表演为一体，具有艺术学、宗教学、人类学、民俗学、文化学等方面的研究价值。

热贡"六月会"于 2006 年 5 月 20 日列入国家级非物质文化遗产代表性项目名录。

005
石雕（泽库和日寺石刻）

石雕（泽库和日寺石刻）是以石材为原料的一种藏族民间雕刻艺术，是传统美术种类之一。石雕创作包括经文雕刻和佛像雕刻两大类型，一般在大理石、花岗岩、青石、砂石等天然石质材料上进行，在此过程中需运用圆雕、浮雕、透雕和线刻等一系列纯熟的民间雕刻技法。石刻作品质地细腻滑润，石刻经文的字体清秀工整、遒劲有力，石刻佛像造型舒张丰满、线条流畅，带有鲜明的佛教艺术特色。

石雕（泽库和日寺石刻）流传于青海省泽库县和日乡、和日寺及周边地区，经过罗加仓活佛和几代民间艺人的传承，至今已有百余年历史。石刻的传承方式呈现出多样性，主要有师徒相承、家人传承、婚嫁传输和政府培训等，其中师徒相承是和日村石刻文化传承的传统方式。师傅主要由村中的1位石刻技术"国家级非物质文化遗产代表性传承人"和1位"省级非物质文化遗产代表性传承人"组成。徒弟们前来学习需要遵循三个步骤：拜师、学艺和模仿，出师一般需要三到五年。泽库和日寺石刻工艺精湛，图案精美，形象生动，字迹清晰，作为一项民间技艺，满足了广大群众的精神需求，丰富了群众的文化生活，为藏学及藏族艺术的研究提供了弥足珍贵的"石书"资料，具有很高的历史文化价值。

石雕（泽库和日寺石刻）于2008年6月列入国家级非物质文化遗产代表性项目名录。

006
同仁刻版印刷技艺

同仁刻版印刷技艺是青海安多藏族传统手工技艺，最早主要用于藏族聚居区的经书、经幡等文献的印制；在发展中，由寺院流传到民间，其用途也逐渐扩大，也用于祭祀、装饰、节庆等活动。刻版形制有长条形、矩形、圆形等。同仁刻版印刷的主要类型有经书、绘画图案等；主要内容有佛教典籍、高僧大德的传记及论著、颂词汇编等，涉及祭祀山神、农事耕作、节令习俗，以祈求国泰民安、风调雨顺、五谷丰登、招财进宝、吉祥如意。

同仁刻版印刷技艺为独特的木刻印刷术，主要分布在青海省黄南藏族自治州同仁市，当地藏族、土族、蒙古族等群众均掌握此技艺，并以家庭传统作坊为主要运作形式。创始人为三当仁钦，他通过招收徒弟的方式进行传承。刻制的版式主要是藏族传统的固定版式，其刀法规整、字体隽秀、线条流畅，与中原地区黑白木刻版印刷的效果相近，但具有浓厚的同仁地区乡土气息和地方特色。同仁刻版印刷反映了当地农耕社会生活、民俗生活以及藏传佛教文化等诸多内容，作为青海藏族农耕文化与宗教文化相交融的缩影，同仁刻版印刷技艺对于研究藏族早期的历史文化、宗教与艺术的传播具有重要的参考价值。

同仁刻版印刷技艺于2011年5月列入国家级非物质文化遗产代表性项目名录。

007
尖扎达顿宴

　　尖扎达顿宴，"达顿"系藏语，意为"箭宴"之意，指尖扎地区举行的一项藏族综合性文体娱乐民俗活动，是安多藏族聚居区的一项特有的庆祝箭赛的活动，包括村级竞技射箭、个人家庭宴请和集体盛宴三大环节；有牛角弓和木箭制作展示、主客场迎送礼仪、说唱对词等内容。主要以村落之间射箭和对歌为载体，融体育竞技、歌舞酒曲、说唱艺术、民族服饰、民俗礼仪为一体。

尖扎达顿宴流传在尖扎地区，当地藏族、回族和汉族同胞均有参与，以村落方式继承，也有国际赛等创新方式，代表性人物有三知加、才项南杰、拉日本等。宴会上的竞赛主要特点为主客场轮流制；多回合比赛；采取中箭高低分的集体局胜制；持续时间较长，前期准备数十日，正式宴会连续五天左右；有村落组队、传统弓箭、个体角逐、集体比赛、友情聚会等形式。各村落在射箭比赛前夕，会举办祭箭、请箭、迎箭的仪式和祭祀活动。达顿宴上的美食在保持原味的基础上，秉承"五彩"传统，着重突出食品的"绿、蓝、黄、黑、红"五种色调。作为一项具有鲜明传统文化个性的民间竞技赛事和宴会盛事，尖扎达顿宴不仅保留了古老的仪式，而且传播了口头文学，弘扬了传统历史文化。

尖扎达顿宴于 2018 年 11 月列入省级非物质文化遗产代表性项目名录；2021 年 5 月列入国家级非物质文化遗产代表性项目名录。

008
蒙古包营造技艺

蒙古包是蒙古族牧民居住的一种房子，适于牧业生产和游牧生活。古称"穹庐"，今又称毡帐、帐幕、毡包等。蒙古语称为"格儿"；满语为"蒙古包"或"蒙古博"。蒙古包呈圆形尖顶，制作主要由架木、苫毡、绳带三大部分组成，包内的四大结构为：哈那（即蒙古包围墙支架）、天窗（蒙语"套脑"）、椽子和门。

蒙古包营造技艺流传在河南蒙古族自治县一带，蒙古包自匈奴时期就已出现，并传承至今，承载着游牧民族的信仰。当地蒙古族和藏族均传承了该技艺。圆形尖顶的形状是圆满和完整的象征，河南蒙古族自治县制作的蒙古包的形状受到了佛教文化的影响，当地蒙古族往往以八宝为蒙古包的象征，且把八宝视为平安吉祥的象征。蒙古包制作中的原料非木即毛，不添加水泥、土坯、砖瓦等材料，具有绿色、环保的特征。蒙古包外形看起来虽小，但包内使用面积却很大，而且包内空气流通，还具有易于拆装、便于游牧、采光条件好、冬暖夏凉、不怕风吹雨打等特征，非常适合于经常转场放牧的民族居住和使用。蒙古包不仅承载着民族的认同感和自豪感，更在民居文化、草原游牧文化和少数民族非物质文化遗产等方面展现出了重要价值。

蒙古包制作技艺于 2013 年 11 月列入省级非物质文化遗产代表性项目名录；2021 年 5 月列入国家级非物质文化遗产代表性项目名录。

黄南藏族自治州

省 级

非物质文化遗产项目名录

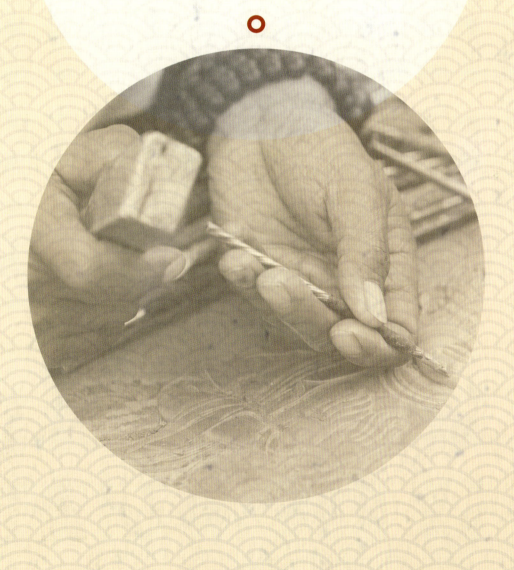

009

热贡年俗

热贡年俗，于农历除夕至正月十六期间举行。主要内容有吃"古突"（九粥）、拜年、妇女回娘家、八十大寿、藏族婚礼、三岁剃胎发仪式、跳"拉什则"舞、参加隆务寺及下属各寺法会佛事等活动。

热贡年俗流传于同仁地区四合吉、铁吾、加毛等村，由当地藏族、土族等民族传承。传承人代表为却合加布，热贡年俗以记录和举办活动的方式传承。在热贡年俗活动中，三岁剃胎发仪式最为隆重，村里人家生了男孩，直到满三虚岁后，才能剃胎发，仪式在正月初三举办，进行祝贺活动。剃胎发前一天日出前，家人去煨桑后请家族一位长者给孩子剃头（刮去胎发），称"托强"。举办"托强"剃头宴，亲戚朋友会前来帮忙做包子、油饼、牛羊肉等各种美味佳肴。第二天仪式正式开始，全村男孩按出生前后顺序依次进行"托强"礼仪。当天需要集体诵经祈祷，一位德高望重的长者对男婴赐祝词，与祝福有关的煨桑等仪式进行完毕后，再吃宴席。宴席过程中，唱酒歌、跳则柔、男女对唱，日落时仪式结束。同仁地区年俗活动种类繁多，是自古以来盛行于这个地区的传统节庆民俗活动，它全面、完整、生动地体现了当地厚重的民间民俗文化，在促进村民之间交流，增进村民之间感情，邻里乡亲团结和谐等方面发挥着重要的作用。热贡年俗作为优秀的民俗活动，有利于传承和延续当地传统民族文化。

热贡年俗于 2009 年 9 月列入省级非物质文化遗产代表性项目名录。

010

保安社火

保安社火是一种承袭军营习武性质的传统民俗活动。表演主要以灯官、舞狮、舞龙、旱船、霸王鞭、杨林夺牌等节目组成。保安社火是明代屯军移民制度在同仁地区遗留下的独特的文化载体，也是该地区唯一具有明清军营文化特色的表演。保安社火由太平鼓、大鼓、锣、镲、钹组成打击乐，由社会队伍表演统一步点，还有三弦、二胡、板胡、笛子等伴奏。

保安社火流传于同仁市保安古城，由同仁市保安镇城内村、城外村、新城村3个村的汉族参与，并以多种方式进行传承。保安社火有内、外场之分，内场是社火的主体队伍，外场是随队活跃在内场边缘的辅助部分。传统社火中的散"身子"角色多，如"施不全""孽障人""货郎担"等，现只保留专门的滑稽角色，允许演出者以不同于常人的滑稽有趣的打扮登场，如反穿皮袄，佩戴一些用棉花做的首饰、眼镜，反戴破草帽等，为了烘托节日气氛，允许他们对观众用滑稽有趣的语言拜年问候。保安社火民俗活动积极致力于维护民族团结，维护社会稳定，倡导家庭和谐，邻里和睦，孝敬父母，爱护子女，保安社火在维护民族地区社会稳定工作中作出了积极的贡献。

保安社火于2009年9月列入省级非物质文化遗产代表性项目名录。

011

安多藏族民间叙事诗

安多藏族民间叙事诗，作为民间文学体裁之一，是一种具有比较完整的故事情节的韵文或散韵结合的民间诗歌。按内容分为创世叙事诗、英雄叙事诗和爱情叙事诗三类。安多藏族民间叙事诗包括歌颂爱情的情歌、传唱英雄的颂词、反映道德的伦理教育。语言含蓄生动，曲调比较短小，但音域宽广，音调悠扬婉转，悦耳动听。

安多藏族民间叙事诗主要流传在黄南藏族自治州及接壤的甘肃地区与甘南州的部分地区。传承人以

强多为代表。传承人在长辈们的带领下参与本村及相邻村落的民俗节庆活动，在藏族婚宴，节日聚会宴席，解决草原纠纷、村落和家户之间的矛盾等场合中进行传唱。传承形式除了有口头传唱外，还有手抄本等形式流传。民间叙事诗大多结构比较完整，故事有开端、发展、高潮和结局，修辞手法有比兴、夸张、排比、拟人、重叠、复沓等。在安多藏族民间叙事诗中不乏完美的诗篇，长久流传并产生影响，在中国民间文学中具有重要地位。其中有些宏伟的篇章不仅是民族文学的宝贵财富，而且具有世界意义。安多藏族民间叙事诗在民族学、民俗学、宗教学、语言学等学科的研究中也具有重要的价值。

安多藏族民间叙事诗于2018年1月列入省级非物质文化遗产代表性项目名录。

012
热贡"羌姆"

热贡"羌姆"，是流传于青海省黄南藏族自治州热贡地区藏传寺院中的宗教舞蹈（法舞）。"羌姆"中的舞蹈多由"拟兽舞"和"法器舞"融汇而成，内容主要与佛教密宗仪式和护法行为相关，表演形式有集体表演舞、单人舞和双人舞。"羌姆"是藏族群众对佛教噶尔羌姆的一种口语称呼，在藏传佛教的文字记载中对此统称为"密宗金刚噶尔羌姆舞"，简称"噶尔羌姆"，汉语意为金刚神舞，羌姆俗称"跳神"。作为舞蹈艺术，羌姆是藏传佛教中的一种文化现象。

热贡"羌姆"的表演者从寺院僧人中挑出，成为"羌巴"。代表性传承人有旦正加、吉先才让、完德加。热贡羌姆有多种律制和节奏，规模庞大，结构复杂。大部分羌姆有着相对规范的曲式结构，其旋律、节奏、速度，因舞而异。每年在固定的时间、场所进行排练、表演。热贡地区的"羌姆"是当地藏族宗教文化的大荟萃，是各种音乐歌舞艺术和宗教仪式的大展演，充分展示了热贡地区藏

族民间艺术丰富多彩的形式和高度的艺术成就。热贡"羌姆"源于当地藏族人民的社会生活，是反映人民生活习俗和精神风貌的"百科全书"，也反映出多种文化交融的深厚内涵，体现和传承着该民族的文化传统，具有历史价值，同时也是研究藏族传统音乐、舞蹈、服饰、说唱、戏剧等艺术发展史的重要依据。

热贡"羌姆"于 2009 年 9 月列入省级非物质文化遗产代表性项目名录。

013

隆务老街
清真老八盘烹饪技艺

隆务街清真菜肴的烹调技法早先以烤、涮、炮为主，较多地保留着高原民族的饮食习俗。回、撒拉、保安、汉、藏、土等各民族长期杂居，饮食文化互相融合，从而使隆务街清真菜肴的烹饪技法由简到精、由少到多，日臻完善，炒、熘、爆、烩、烧、煎、炸无所不精，形成了独具一格的清真菜肴体系。特别是有名的传统筵席美食——隆务街清真老八盘，是同仁地区清真餐饮美食文化的结晶，在隆务街婚嫁娶亲时，以传统老八盘招待亲朋好友。

隆务老街清真老八盘烹饪技艺主要分布在同仁市隆务镇隆务街。传承人有马玉兰、马自不代、马占山，主要在回族中流传。隆务街老八盘的热菜精选青藏高原藏系羊肉、牦牛肉，以及当地土鸡等作为原材料。白条手抓羊肉、糊羊糊牛、酥合丸、辣子鸡、八宝饭、发菜、羊筋、高香汤等菜肴各具特色，营养价值高，具有养身健体的功效。隆务街传统老八盘技艺具有极高的饮食文化价值、历史文化价值、社会实用价值和餐饮商业价值。

隆务老街清真老八盘烹饪技艺于2018年1月列入省级非物质文化遗产代表性项目名录。

014
热贡皮革制作技艺

热贡皮革制作技艺是一项传统制造技艺。该技艺是传承群体对生产生活环境与周边生态环境和人文环境相适应的结果，其传承的技法完全保留了传统特色。热贡皮革技艺是传统手艺的载体，以群体的方式进行生产制作，在其工艺和功能上充分体现了互学互鉴的文明融合进程，蕴含着精益求精的生活智慧。

热贡皮革制作技艺流传在同仁市，该技艺是热贡地区世居的藏族同胞创造、传承的重要文化遗产，无论是历史上还是当代，该技艺对人们创造物质和精神财富作出了卓越的贡献。随着各民族的相互融合，该技艺现涉及藏族、蒙古族、土族等多个从事牧业、半农半牧、农业的少数民族。传承人众多，仅江什加村就有 194 户，1097 人。热贡皮革制作技艺主要以师徒相传、集体传承、家庭作坊等方式生产、传承和延续。历史上人们通过出售、交换皮革制作的手工艺品来补充必要的生活短缺物资，这是半农半牧社会一种重要的谋生方式。在当代，部分地区和需求群体仍将其视为物质和文化交往、交流、交融的重要途径，是社会资源互补互需，实现民族优秀传统文化共享的重要见证。这对认识和了解当地村民的信仰习俗、文化心理、社会和谐发展进程中的内在因素，有着实际的参考价值和意义；具有民俗学、宗教学、艺术学等多种学科研究的价值和意义。

热贡皮革制作技艺于 2018 年 1 月列入省级非物质文化遗产代表性项目名录。

015

同仁嘛呢调

同仁嘛呢调是一种传统音乐，共计有 18 种曲调，现在实际流行的有 16 种，其中的 10 种曲调是由夏日仓活佛噶丹嘉措、隆务贡活佛罗桑曲扎、宗日盖噶日尖措师徒三人创作的。包括"开日故久"长短各 1 种，"尼故周" 6 种。

同仁嘛呢调起源于明万历年间，主要流传地区在同仁市黄乃亥乡日秀玛村、日贡玛村、俄毛村等地。历辈隆务贡活佛是黄乃亥念唱嘛呢的主要传承人，并以师徒传承的方式世代相传。每年农历五月份的农闲时节在黄乃亥地区举行活动，为期 15 天。念嘛呢的场所为一个固定的地点，选在离村庄较远的一座山顶上，藏语称之为"嘛呢岗"。在"嘛呢岗"上扎起一项巨大帐篷，全村男女老少，着装整齐，举止和善，并暂停一切生产劳动，谢绝客人，全都聚到"嘛呢岗"，抛弃尘念，专心诵经。举行念唱活动时，第一天请隆务贡活佛来主持，从第二天起由隆务贡活佛的四位侍从来主持，活佛领唱，众人随唱。在念唱嘛呢的同时，还要煨桑、祈福、祭神，各个环节均有严格的仪轨。同仁嘛呢调展示了民间音乐曲调的丰富多样，为考察和研究民间音乐提供了鲜活的资料；嘛呢调以及相关的信仰习俗，对认识和了解民间传统音乐有着实际的参考价值和意义；念唱嘛呢习俗还反映了民间祈求安康的文化心理。同仁嘛呢调具有民俗学、宗教学、艺术学等多种学科研究的价值和意义。

同仁嘛呢调于 2009 年 9 月列入省级非物质文化遗产代表性项目名录。

016
龙藏神舞

    龙藏神舞是泽库县麦秀镇龙藏村农历正月初三至初九期间的一项民间祭祀活动，通过煨桑请神、神舞、祭祀等仪式开展。传统神鼓舞有单跳、双跳、三跳、四跳等二十一种跳法。跳舞的方式有排队跳动、圆形跳动、提腿弯转、敲脚弯转等。时而二人为一组顺着手中转动着的神鼓而跳动，时而鼓尾上悬而敲打，下压击鼓。双脚和身体的倾斜与弯转是顺着鼓声律动的。

    龙藏神舞流传在泽库县麦秀镇龙藏村，通过民间活动的方式在广大藏族村民中代代相传。龙藏神舞本是通过神舞、祭祀、煨桑等方式祈求神灵保佑、风调雨顺、五谷丰登，并寄予很多美好的愿望，后来逐渐演变成为群众性的民间娱乐活动。村中青年男子早早准备，走街串巷，参加献艺比赛，持鼓表演。随着社会的发展，龙藏神舞的内容逐渐丰富多彩，形式也变得多种多样。龙藏神舞具有传统性、民族性，兼有地方性文化价值。独特的民间信仰文化特色，万物有灵、惩恶扬善等观念逐渐融入该神舞中。龙藏神舞鲜明的地域特征和舞蹈艺术风格，造就了藏族同胞忠厚、朴实和善良的性格特征，体现着藏民族的集体审美特征。龙藏神舞满足了广大群众的精神需求，是研究当地文化的重要载体。

    龙藏神舞于 2018 年 1 月列入省级非物质文化遗产代表性项目名录。

017
热贡马术

热贡马术是一种民间体育竞技活动。在热贡马术表演比赛过程中不仅仅是比速度，还需要乘马点火枪。所有用到的工具都是按传统的方法自制。一匹引马在前奔跑，火枪手乘马脱缰尾随。表演中，火枪手头部围插一排冒着烟的火绳，口衔两排装有火药的直筒，策马飞奔的同时就要取下一个纸筒，将火药从枪口装入枪内，紧接着从头上拔下一根火绳，点燃枪内火药。在长达 1 公里的赛道上，优秀骑手装火药、点火枪可达 20 余次。

热贡马术流传于同仁市西部地区牙浪乡，由藏族群众在举办节庆活动中传承。热贡马术活动呈现竞技性、民族性、交融性和地域性，举行活动主要目的为展现男子英雄气概以及藏族人精湛的骑射技艺。这一活动展示了民间体育竞技的丰富多样，为考察和研究民间活动提供了鲜活的资料。热贡马术相关的习俗，对于我们认识和了解当地民众的生活习俗、文化心理、社会和谐发展进程中的内在因素，有着实际的参考价值和意义。热贡马术活动还反映了民间祈求安康、保持人与社会、人与自然和谐的传统意识；具有民俗学、艺术学、体育学等多种学科研究的价值和意义。

热贡马术于 2013 年 11 月列入省级非物质文化遗产代表性项目名录。

018
热贡"获康"祭祀活动

热贡"获康"祭祀活动，是一个完整的民间信仰和仪式活动，由传承人"拉哇"（法师）来主持。主要是为了祈求风调雨顺，五谷丰登，人畜平安，子孙满堂而定期举行。热贡"获康"祭祀活动集仪式性、民族性、地域性和多元文化交融性为一体，展现了同仁地区别样的民俗文化景象。

热贡"获康"祭祀活动主要流传于同仁市境内隆务河流域。现主要分布在保安镇下庄村，浪加日秀玛村、玛日村等。传承人代表有娘吉合加，传承人大多为当地的藏族。热贡"获康"祭祀活动具有祈福、民俗、文化等价值。举行"获康"民俗活动，是古代"天子乃祈来年于天宗"的"祈年"仪式在不同时空中的再现。热贡"获康"祭祀活动作为具有悠久历史和保存完整的民间信仰活动，它为深入开展民间民俗文化研究提供了珍贵而难得的"活态"资料，是在长期的民族交往中，当地藏、土两个民族在生产和生活方式上逐渐互相影响而形成的共同的民俗。"获康"活动中包含着古老的文化信息，这些信息有助于通过"文化寻根"的研究方式，对汉族某些民俗活动进行解读和阐释。

热贡"获康"祭祀活动于 2009 年 9 月列入省级非物质文化遗产代表性项目名录。

019
南宗尼姑寺诵经乐

　　南宗尼姑寺诵经乐是指僧人（尼姑）诵念或吟唱宗教经典或经文，是宗教生活中重要的仪式活动，也是僧人（尼姑）修行、传道的重要途径。世界上很多宗教都有诵念、吟唱经文或阐释宗教经典的传统。诵密咒调是阿琼南宗尼姑寺尼姑日常个人进行的主要宗教活动。她们每日要环绕大经堂，周而复始地转动经筒大声咏诵，面对大经堂中安置的本尊、护法虔诚叩拜。

　　诵经乐在寺庙内进行传承，共有三代传承人，主要代表有更登错姆、开智桑毛、奥赛桑毛等。诵经曲调委婉动听，她们转经轮，口念经文咒语，将自己的身、语、义全部投入诵经活动中。尼姑们每日定时集中于大经堂共同诵读佛经、念持经咒，这是礼佛供养和梵呗歌赞的一种行仪，这种日常课诵是阿琼南宗三丹琼培林尼姑日常宗教生活的基本内容之一，一般在清晨进行，谓"早殿"或"早课"，是尼姑们必须修持的定课。南宗尼姑寺诵经乐以独特的吟诵曲调感化有情众生，以温婉的腔调调服内心，慰藉心灵。

　　南宗尼姑寺诵经乐于 2013 年 11 月列入省级非物质文化遗产代表性项目名录。

020
昂拉果馍切
（昂拉土烧大饼）

昂拉果馍切（昂拉土烧大饼）流传于尖扎县昂拉乡，"果馍切"系藏语，意为又圆又大的烧馍。昂拉果馍切是研究藏民族适应农耕文明，饮食转型的重要活态非物质遗产项目，其主要传承人有关却乎等民间烧馍制作人。

"果馍切"因其用干净的黄黏土作为"锅"，制作全程无须金属器具，也不需要任何食品添加剂，以当地种植的纯天然小麦面粉为原料而独具特色。其主要制作过程为取土、烧柴、搭窑、和面、发酵、揉面、擀面、敲碎土块、掌握火候、烧制等，每一个步骤都需要严格的技术把控，没有固定的规格，全部都依赖于烧制人员的经验。主要制作工艺在和面和烧制，从和面、发酵、揉面、擀面到烧制，土烧馍的制作过程繁杂，对制作人体力消耗较大，因此需要几十人一起完成，昂拉地区的妇女们喜欢聚集在一起做很多土烧馍，不仅用来自给自足，也用来当作祭祀贡品、串亲访友礼肴等。

现拉萨大昭寺的大经堂中供奉着一个已有60年岁月的昂拉果馍切。2021年1月8日，世界纪录认证机构在青海省黄南藏族自治州尖扎县认证"昂拉果馍切"为"世界最大的土烧馍"。"果馍切"已成为尖扎县坐标性的特色食品。

昂拉果馍切（昂拉土烧大饼）于2018年列入省级非物质文化遗产代表性项目名录。

021

五彩神箭制作技艺

　　五彩神箭制作技艺是一种独特的造箭技艺。五彩神箭的五种颜色分别有独特的寓意：红色代表活力，黑色代表力量，黄色代表富裕，蓝色代表关怀，绿色代表和平；五种颜色代表的品质象征着藏族同胞英勇无畏的精神。

　　五彩神箭制作技艺是一种独特的造箭技艺，在青、藏、甘等地区，由藏族同胞传承。目前共有三代传承人，主要代表有索南才让、闹杰、久美多杰等。制箭步骤主要包括调杆、打皮、刮杆、安装箭头和尾羽等。根据箭尾的制作材料或装饰材料的不同箭又被分为金尾箭、银尾箭、铜尾箭、铁尾箭等。箭尾用镀金工艺制作或装饰的叫金尾箭，箭尾用银子制作或装饰的叫银尾箭。尖扎人的箭很特别，箭头是铁镞，箭尾是鹰翎，用来做弓的牛角来自高海拔地区，具有强劲的韧性。在尖扎地区的藏族农家，五彩神箭已经融入了当地的生产生活和各种民俗仪式，甚至神化为地域性的箭崇拜。此外，人们把木箭制成巨型的五彩神箭，安插在山岗的"拉则"上。木箭制作是尖扎农村家庭的日常技艺，更是这片土地上挥之不去的英雄情结反映。

　　五彩神箭制作技艺于 2018 年 1 月列入省级非物质文化遗产代表性项目名录。

022
藏式点心制作技艺

藏式点心制作技艺是一种传统手工技艺。制作点心首先需要将适量煮熟的蕨麻、碾碎的曲拉、炒熟的青稞粉和白砂糖在稍大的容器中混合搅拌，然后将适量融化的酥油倒入盛放着主料的容器中，搅拌均匀，直到形成饼状。再将酥油均匀地涂抹在其表面，使其形成一层金黄色的外壳，并在上面以红枣、葡萄干等干果作为装饰，等到完全冷却后便可食用。藏式点心营养丰富、味美香甜，在逢年过节和喜庆的日子里，藏族人家总会制作藏式点心来招待宾朋。

藏式点心主要流传在黄南藏族自治州泽库县等地区，并在世代生活中传承，其主要传承人是泽库县各乡镇的群众，以女性为主。多年来，藏式点心手艺人挖掘民间技艺文化精髓，在传统点心技艺的基础上结合现代科技，创造出具有独特性和传统性的点心技艺，受到了当地群众们的一致好评。藏式点心具有实用性、健康营养性、民族性。它是过节、婚嫁、福寿或人生大事等各种重要日子里不可或缺的食物和礼品，是一种高热量、易储存、方便携带的食物。

藏式点心制作技艺于 2018 年 1 月列入省级非物质文化遗产代表性项目名录。

023

苯教法舞

苯教法舞，又称"金刚驱魔神舞"，是大型的藏族民间舞蹈，流传历史悠久。它由十个舞段组成，有独舞、双人舞、四人舞和群舞，是吐蕃时期以来在西藏土风舞的基础上，吸取了藏传佛教仪轨和印度瑜伽面具舞的某些形式，而形成的一种苯教密乘仪式舞蹈，多用于祈祷和祭祀，现也做艺术表演。

苯教法舞主要在黄南州同仁市的藏族同胞中流传，传承人众多且范围广，且具有完整性、原始性，它的发展与民族文化的交融和民族社会和谐发展相关联。其祭祀内容直接、简朴，舞蹈动作质朴、粗犷。苯教法舞是先民在当时困苦的生活条件下，为使广大百姓能改变贫苦的生活环境，表现对美好生活的向往而创造的一种舞蹈。舞蹈者在表演的过程中为百姓祈祷风调雨顺、平安、祥和。苯教法舞有独特的面具、服饰、乐曲和舞蹈程式，音乐抑扬浑厚，舞姿酣畅淋漓，富有极强的震撼力。其在先民们生产生活过程中诞生，传承至今，直接与劳动生产相联系，是民俗气息浓郁，富有感染力的原始宗教艺术。同时，苯教法舞也逐渐成为同仁地区藏族人民的民俗活动，它把民间传统的避邪与祈祷人寿康泰相结合，具有深厚的文化内涵。

苯教法舞于 2009 年 9 月列入省级非物质文化遗产代表性项目名录。

024

隆务寺佛教音乐

隆务寺，藏语全称"隆务德钦琼科尔林"，意为"隆务大乐法轮洲"。寺庙里的宗教音乐，由两大体系组成，即隆务寺佛教诵经音乐（以唱、诵为主）和隆务寺佛教曲牌体器（单曲体和联曲体）乐曲。从形式上来看隆务寺佛教音乐是由歌唱的声乐曲和演奏的器乐曲组成，它构成了内涵丰富、曲目众多的两大音乐体系。该寺独有的乐种尚存有迎接曲、邀请曲、诵经曲、祭祀曲、浴体曲、闭斋诵经曲、晒佛曲、转经曲、清洁万物曲、宗教法舞曲等。

隆务寺佛教音乐在黄南州同仁地区流传，当地藏族、土族等均有传唱。隆务寺佛教音乐由寺庙中的僧人进行传承，传承人代表更登东智在17岁出家入寺后逐渐习得并传承隆务寺佛教音乐。隆务寺诵经音乐风格独特，声音迂回婉转、雄厚低沉、颤音细腻、轻巧、透明、清晰，尾声悠长深远、余味无穷，一领众和的诵唱，

使堂内气氛格外庄严，富有震撼力。诵唱以滚动发展的旋律，线条起伏的形状进行，用胸声区带动喉音来产生共鸣，气息通过丹田运气并产生气流柱，在换气上有其独特性，如纯用鼻腔吸气等。诵经中的词少部分是用虚词来演唱的，其唱诵词蕴含了对美好生活的向往及为众生祈祷的内容。隆务寺诵经音乐是中华民族的宝贵文化遗产，它在人类宗教学、音乐学以及语言学等方面有较高的艺术研究价值。

隆务寺佛教音乐于2009年9月列入省级非物质文化遗产代表性项目名录。

025
斯协（民间调解词）

　　斯协（民间调解词）是在生产劳动等集体活动中为调解纠纷矛盾而创作，以口头形式流传的艺术型谚语，语言运用比喻的手法来表达深刻的道理。它的寓意精辟，语言简练通俗、含义深刻、富有说服力。

　　斯协（民间调解词）流传于黄南州泽库县境内，也在其他藏族聚居区可见，由藏族同胞传承。传承人代表有隆务才会、万玛扎西、多多等，以口传心授的方式传承。它在丰富多彩的藏语言文学中占据着重要的地位，是藏语言文学的精华，也是藏族世代流传下来的集体经验和智慧结晶。斯协（民间调解词）因数量、类型、内容的丰富多样而具有多种分类方式，按时间可以分为古代谚语、近代谚语和当代谚语等；按照藏语方言或地域划分可以划分为卫藏谚语、康巴谚语、安多谚语等，其中泽库达木怀（谚语）在整个安多地区的民俗文化中占领着重要地位。斯协（民间调解词）具有的价值：一、使用价值。传统的游牧生活中常会对草地划分产生争议或出现其他不和谐的问题，部落首领进行谈判时会使用谚语讲道理从而说服双方。二、历史价值。展现不同时期的谚语和民间斯协文化的状况。古代斯协谚语则多用于行政当中，近代则用于婚礼、谈判等仪式性的集体活动。三、艺术价值。以斯协为主的藏族口头传统中多出现谚语，特别是方言谚语的修辞和言说方式值得研究。

　　斯协（民间调解词）于 2023 年 2 月列入州级非物质文化遗产代表性项目名录；2023 年 2 月列入省级非物质文化遗产代表性项目名录。

026
同仁保安花儿会

同仁保安花儿会是流传于保安及周边地区的花儿艺术文化活动。同仁保安花儿会属于河州型花儿，是保安汉族韵文类口头文学的主要形式，即便是经过了与其他民族花儿的互相借鉴与融合，也仍然具有明显的本地区汉民族特色。

同仁保安花儿主要流传于黄南州同仁市保安镇及四周使用河州方言的地区，由汉族、保安族、回族、撒拉族、藏族等同胞共同传承。传承人代表：朱仲禄、李佛保、王百川，以歌词记录和人才培养的方式传承。保安花儿曲调高亢嘹亮，并带有颤音，由低转高，婉转动听，独具特色。其内容和形式也十分丰富，内容大体上分为：表现社会生活的花儿；表达青年男女真挚和坚贞不渝爱情的花儿；追求新生活的花儿等。歌颂爱情的花儿内容丰富、数量多、艺术性比较高，在同仁保安花儿会中占有重要的位置。保安花儿通过口头创作，刻画出各种不同的艺术形象，反映现实生活，表达人民群众的各种愿望和理想，由于它能真实而浪漫地表现人民群众的思想情感，所以花儿具有多民族文化交流与情感交融的特殊价值。保安花儿的价值在于它独一无二的地方民间曲调风格和方言艺术，在于它蕴含并展现了一方民众的生活情趣和审美追求。

同仁保安花儿会于 2017 年 7 月列入州级非物质文化遗产代表性项目名录；2023 年 2 月列入省级非物质文化遗产代表性项目名录。

朱仲禄，1922年出生于青海省同仁县保安镇新城村，老一辈河州花儿歌唱艺术家，风靡全国的《花儿与少年》创始人之一。他自幼学唱花儿，博采众长，形成了自己的演唱风格，声音明亮挺拔，刚柔相济，韵味地道。歌声山野气息浓厚，给人以天高气朗的高原感受。他是一位集"花儿"演唱、创作、研究于一身的艺术家，是名副其实的"花儿王"。

西北花儿王朱仲禄

《花儿与少年》名曲自面世以来就成了西北各地社火必演的保留舞蹈

027

蒙古族刺绣

　　蒙古族刺绣是黄南州河南蒙古族自治县的群众，在长期生产生活中形成的一种传统美术手工技艺。它的主要技艺方式为绣花、贴花、缉花等。蒙古族刺绣多用于生活用品，尤其是服饰的装饰，其日常袍服、摔跤服、赛马服及靴子、帽子、裙裤上都有刺绣，图案纹样如浮雕一般富有立体感，在绣面上形成突出的触觉肌理和视觉效果。蒙古族刺绣不仅可以在软面料上绣花，而且可以用牛绒线、羊绒线等在牛羊毛毡毯、牛羊毛纺织品、牛羊皮革等硬面料上刺绣。

　　蒙古族刺绣流传于河南蒙古族自治县，由蒙古族、藏族同胞传承。传承人代表：德吉措、拉毛措、闹藏拉毛等，以纹样记录和培养人才的方式传承。蒙古族在日常生活用品上刺绣，使其成为富有装饰性的艺术品，牧民的生活也因此得以更加舒适和丰富。蒙古族刺绣以凝重质朴取胜，粗犷匀称的针法、简洁概括的形象、对比鲜明的色彩和饱满充实的格局使蒙古族刺绣独具一格。从国内刺绣艺术品的市场行情来看，蒙古族刺绣作品的市场价格多在数千元到数万元之间不等，具有很高的收藏价值，且好的刺绣作品已经从工艺品范畴提升为收藏艺术品，价格一直在不断地提升。

　　蒙古族刺绣于 2019 年 11 月列入县级非物质文化遗产代表性项目名录；2020 年 7 月列入州级非物质文化遗产代表性项目名录；2023 年 2 月列入省级非物质文化遗产代表性项目名录。

028
藏式石灼羊肉制作技艺

藏式石灼羊肉是藏族民间常见的一种美食，也是野外生存中不可缺少的用餐方式。以"肚"代锅是其独特的烹饪方式。

藏式石灼羊肉制作技艺广泛流传于藏族聚居区，由藏族同胞传承。传承人代表：加样卓措、娘吾才让、看卓、加毛等，以日常烹饪的方式传承。藏式石灼羊肉的做法很有讲究，一旦缺少某个环节，原料烤出来的肉不是烟臭就是烧焦。需要准备的原料有：①羊肚——对补虚健胃和治虚劳不足有很大的作用。②羊肉——泽库地区的羊肉肉质细腻，含对人体有利的氨基酸和蛋白质等。③调料——精盐、八角、味精等。过程简介：①将密度较高的石头在火中加热。②清洗羊肚和所煮的原料。③将高温度的石头和其他食材放入羊肚里并配调料煮食。

藏式石灼羊肉制作技艺的价值：①历史价值，即藏族饮食文化具有悠久的历史，藏式石灼羊肉制作技艺使藏族聚居区的烹调技术得到了发展。②食用价值，即藏式石灼羊肉对生存在高海拔，气候干燥环境下的人们补充营养具有很大的作用。③其他价值，即以藏式石灼羊肉为代表的高原美食是游牧文化为适应青藏高原气候创新形成的。藏式石灼羊肉制作技艺具有增强民族认同，促进社会联系、带动经济发展的深层价值，是饮食文化中的一颗绚丽明珠。

藏式石灼羊肉制作技艺于2020年12月列入州级非物质文化遗产代表性项目名录；2023年2月列入省级非物质文化遗产代表性项目名录。

029
传统帐篷编制技艺
（泽库黑帐篷制作技艺）

黑帐篷是藏族牧民极具特色的居住样式，也是延续至今的牧民传统居住文化的表现，更是游牧民族历史文化的"活化石"。黑帐篷具有冬暖夏凉、耐磨、便于支拆、易于驮运等特点，可简述为"颜色黢黑克地势，能御风霜易搬迁，材料制作甚方便，质优能经岁月逝"。

传统帐篷编制技艺（泽库黑帐篷制作技艺）流传于黄南州泽库县境内，由藏族同胞传承。传承人代表：肉旦。黑帐篷通常采用牦牛的长毛织成，用称为"日雅"的粗氆氇缝制而成。粗氆氇每幅宽约30厘米，长短由帐篷的大小而定，将若干幅"日雅"拼接合成两大片，放在顶部当作天窗，两片相接的缝隙约有60厘米。黑帐篷的制作一般分为三个步骤，第一步纺线，第二步织布，第三步缝制。制作首先要从牦牛身上剪牛毛，将剪下来的牛毛弹毛清理杂质，做成毛条，捻成线，再将捻好的线编织成布，最后把毛布缝接成帐篷。泽库黑帐篷制作技艺的价值：一、实用价值。帐篷是游牧民群众的居所，在牧区、在草原，牧民离不开帐篷，帐篷具有遮风挡雨的居住功能和其他社会功能。二、环保价值。用生长在高原地区的牦牛毛为原料制作帐篷，对于青藏高原来说既安全又环保。天然物质制作的帐篷对周围环境没有任何污染和破坏，帐篷搬迁后，不会对草原的植被造成破坏。

传统帐篷编制技艺（泽库黑帐篷制作技艺）于2017年7月列入州级非物质文化遗产代表性项目名录；2023年2月列入省级非物质文化遗产代表性项目名录。

030
尖扎藏式木屋营造技艺

尖扎地区建筑中的传统大屋顶、斗拱、琉璃瓦的应用都是藏汉民族文化交流互动的实物印证，尤其是歇山顶的应用，使安多地区的建筑很大程度上区别于卫藏地区以平屋顶为主流的建筑。可以说，尖扎藏式木屋营造技艺是汉藏建筑技艺结合的典范。

尖扎藏式木屋营造技艺流传于尖扎县，由藏族同胞传承。传承人代表：多杰项千、罗藏扎西、万玛项千，以家族传授的方式传承。由于历史上安多地区受到局部性的政教合一制度和周边多元文化的影响，其房屋建筑呈现僧俗界限分明，宗教建筑粗犷、明快、浑厚、朴实，重点突出、细部精致的特点。建筑色彩鲜艳、对比强烈、个性鲜明。民居建筑中没有出现明显的等级形态，民居住宅被高大的院落夯墙封闭，总体上庭院组合呈现封闭内向的特点。建筑外立面墙体不做任何装饰，房梁、椽、柱、板皆以保持木头本色为原则，室内也仅做少量色彩符号装饰，体现出素雅、淳朴的北方田园特色。其风格既多源又多元，它促进了民族性和地方化、宗教性和世俗化的历史嬗变，建筑布局反映出高原建筑在自然环境制约下，推崇宗教精神的审美布局模式。

尖扎藏式木屋营造技艺于 2020 年 1 月列入县级非物质文化遗产代表性项目名录；2020 年 7 月列入州级非物质文化遗产代表性项目名录；2023 年 2 月列入省级非物质文化遗产代表性项目名录。

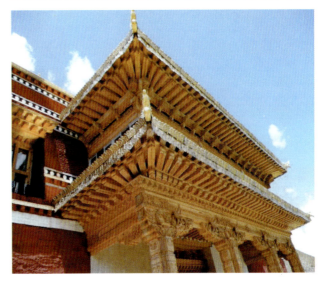

031
热贡牛角雕刻技艺

热贡牛角雕刻技艺，是一门手工技艺。牛角在远古先民打猎所用的牛角弓、宗教法器、梳子、刀等生产工具及生活器具装饰等方面被广泛使用。牛角雕刻技艺，在外观设计上将诸多鲜活的现实素材及神秘的宗教文化和雕刻艺术巧妙地融为一体，形成风格独特的造型艺术。

热贡牛角雕刻技艺流传于同仁地区，由当地藏族、土族传承。藏族传统牛角雕刻技艺最早可以追溯到第一代吐蕃赞普聂赤赞普之前"十二支小邦国"时期，延续至今已有2000多年的历史。经过几千年的传承和发展，牛角雕刻逐渐成为实用性和装饰性兼而有之的一种独特技艺。藏族民间以牛角为材质的物件使用范围广泛。它不仅仅是精美的工艺品，它从天然原料的选取到制作工艺的实施，

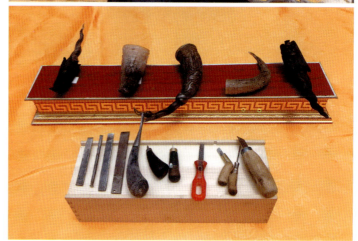

到最终制成成品，整套流程均为无公害的、绿色的，具有天然、环保的优良品质，符合人们的审美情感，适应人们积极健康的生活需要。其手工雕刻技艺与藏民族历史、文化、宗教、民俗具有千丝万缕的联系，是藏民族的智慧结晶，具有现代科技无法代替的优势，是极其宝贵的历史文化遗产，是研究我国藏族历史、文化、宗教、民俗以及民族关系的一个重要渠道。因为这门技艺的传承区域处于早期苯教、藏传佛教宁玛派及后期各类教派盛行地区，所以该技艺自古以来就与宗教文化、世俗文化有不解之缘。综上所述，牛角雕刻器物具有极高的艺术价值、历史文化价值、实用价值和当代商业价值。

热贡牛角雕刻技艺于2014年12月列入州级非物质文化遗产代表性项目名录；2023年2月列入省级非物质文化遗产代表性项目名录。

032
热贡靛蓝纸制作技艺

热贡靛蓝纸，藏语称为"堂薜"，意为蓝色草纸，它是千年以来生活在青藏高原的藏族用来书写、记录典籍的重要载体，以生长在高海拔地区的狼毒草为主要原料。

热贡靛蓝纸制作技艺流传于同仁地区，由藏族、土族同胞传承。传承人代表：尔哇、更顿东智、多杰仁青。靛蓝纸具有不怕虫蛀鼠咬、不腐烂、不变色、质地坚韧、不易撕破、耐折叠、耐磨等特点。其纸质紧密厚实，它使浩如烟海的历史资料和文化典籍得以保留下来，为文化的传承和发展起到了不可估量的作用。它的传统制作过程有 11 道工序，依次为：采料、泡洗、锤捣、去皮、撕料、煮料、捶打、打浆、浇造、晾干、揭纸。制作中挑选较宽的草纸，将仔细研磨过的油松木烧制而成的烟垢和玛瑙制成的材料进行混合研磨后涂抹其纸面，将草纸进行晒干后用天珠或玛瑙相继打磨，等纸面显得有光泽、柔软时，再将其四面用青色矿物质颜料泡制而成的涂料或水生草制成的颜料进行均匀涂抹。制成的靛蓝纸主要用来撰写经文。热贡靛蓝纸的选材十分讲究，都是动植物和天然矿物，书写也用黄金白银、珍珠粉等贵重的材料，具有一定的经济价值。热贡地区千百年来大量用靛蓝纸书写的宗教典籍、历史文献仍然保存完好，字迹清晰、色泽明朗，并没有任何晕染的痕迹，仿佛是刚刚书写一般。热贡靛蓝纸的传承为记录保存热贡文化起到了不可估量的作用，并且工序复杂，工艺独特，具有极高的文化价值。

热贡靛蓝纸制作技艺于 2021 年 8 月列入州级非物质文化遗产代表性项目名录；2023 年 2 月列入省级非物质文化遗产代表性项目名录。

033
传统藏香制作技艺
（尖扎藏香制作技艺）

藏香，多数用于佛教供奉仪轨，也用于居家的净晦辟邪，其制作的工艺流程蕴含着藏医药文化的精髓，主要配料有藏红花、雪莲花、麝香、藏寇等。

藏香的制作过程严谨且富有仪式感，包括选料、炮制、配料、和泥、出条、晾晒、包装等多个步骤。其中，"和泥"环节尤为独特，将研磨好的香粉与水、柏木粉末混合成膏状，再通过手工或模具制成细长的香条。整个过程往往伴随着诵经祈祷，赋予藏香以精神力量。制成的香条质地坚实、色泽自然，燃烧时烟气淡雅、香气持久。

藏香含有多种草药成分，燃烧时释放的香气具有抗菌、驱虫、安神、醒脑、舒缓情绪等功效。在藏族家庭中，藏香常用来净化空气、防疫除疫、助眠安神、提神醒脑，甚至用于治疗某些疾病。此外，藏香也被用于藏医在熏蒸疗法中，辅助调理身体。

传统藏香制作技艺（尖扎藏香制作技艺）于2014年3月列入县级非物质文化遗产代表性项目名录；2020年7月列入州级非物质文化遗产代表性项目名录；2023年2月列入省级非物质文化遗产代表性项目名录；2023年2月列入省级非物质文化遗产代表性项目名录。

034

河南县
牛羊毛手工编织技艺

　　河南县牛羊毛手工编织技艺是以牛羊毛为原料，手工编织完成的一种传统手工技艺。牛羊毛手工编织品为生活在高寒地区的游牧民族提供了生活必需品。它的主要制作工序包括原毛收集、原毛洗涤脱脂、打毛、搓捻成线、点线织布、剪裁缝制成型等。牛羊毛手工编织技艺在河南县蒙古族群众中非常普及，河南县蒙古族牧民从日常生活用品到衣物和居住帐篷等，都离不开牛羊毛编织技艺。

　　河南县牛羊毛手工编织技艺流传于河南蒙古族自治县，由蒙古族、藏族同胞传承，河南县妇女普遍掌握这门技艺。传承人代表：德吉措、索南拉毛。牛羊毛编织技艺全部以手工编织，织毯匠人用经橡壳、大黄叶根、槐米、板蓝根等天然植物染色过的毛线环绕在绕线杆上，织完一行，就将毛线扣全部拉紧，再用刀具将杆上的绕纱割开。河南县牛羊毛手工编织技艺编制精密、品种繁多、形式独特、色彩艳丽，乡土情趣质朴，画面布局繁而不乱。它的民族风格浓厚、地域特色鲜明，图案设计上突出表现了蒙古族文化、藏族文化融为一体的风格，在两族文化融制下形成的色调和谐统一。在功用上，河南县牛羊毛手工编织技艺既保温防潮，又经久耐用，极具青藏高原特色。在审美上，河南县牛羊毛手工编织技艺的色调布局和谐统一，令人愉悦。

　　河南县牛羊毛手工编织技艺于 2013 年 1 月列入县级非物质文化遗产代表性项目名录；2020 年 12 月列入州级非物质文化遗产代表性项目名录；2023 年 2 月列入省级非物质文化遗产代表性项目名录。

035

河南县蒙古族擀毡技艺

蒙古族擀毡技艺是蒙古族最有特色的一项传统手工技艺。擀毡是指以羊毛或牦牛毛等长毛动物的毛纤维作为原料，利用毛纤维结构相互摩擦黏合制成毛毡的工艺，在河南县有悠久的历史，擀毡是蒙古族重要的生活习俗和生产方式。

河南县蒙古族擀毡技艺流传于河南蒙古族自治县，由蒙古族同胞传承。传承人代表：扎多、卓么措、才让卓玛等，通过师徒和设厂群体传承。擀毡技艺既可将牛羊毛做成毡房，用它来抵御严寒遮挡烈日，也可以把牛羊毛做成毡铺放在坑上防潮，保暖，还可以做成毡鞋、毡帽、毡包等。擀毡技艺的成品花纹美观，坚实平整，而且弹性较好，抗磨耐用，制成的辫毡毯还可作为装饰品挂在墙上，既环保、天然，又符合可持续发展的要求。擀毡需经过弹毛、铺毛、喷水、喷油、铺毛、卷毡、捆毡连、擀连子、解连子压边、洗毡、整形、晒毡等工序，缺一不可，每个细节用手工操作完成，只用简单的工具，擀毡过程中唱擀毡调，边唱边做。擀毡完成后，要在新毡上洒点鲜奶并念颂祝毡词。颂词主要叙述羊毛给人带来温暖，给生活带来方便，提高了人的生活质量等，表达牧民对生活的热爱，对自然的感激。工艺精湛的毡制品，具有耐磨、御寒、防潮等实用价值。

河南县蒙古族擀毡技艺于 2006 年 11 月列入县级非物质文化遗产代表性项目名录；2017 年 7 月列入州级非物质文化遗产代表性项目名录；2023 年 2 月列入省级非物质文化遗产代表性项目名录。

036
尖扎藏族氆氇纺织技艺

　　氆氇是藏族人民使用传统手工艺生产的一种毛织品，是由绵羊毛纺成的线织品，要经过洗毛、梳毛、捻线、洗线、上织机纺织、染色等多道工序制作而成。其外表细密平整，质软光滑，幅宽20~30厘米，颜色大多为灰白色，有条纹氆氇、暗红氆氇和黑色氆氇。

　　尖扎藏族氆氇纺织技艺流传在尖扎县境内，由藏族同胞传承。传承人代表：仁青多杰，以家庭作坊和开设工厂的方式传承。仁青多杰创建了"囊萨夏达玛氆氇"生产工厂，主要负责生产传统工艺氆氇、哈达及其他羊毛编制产品。藏族氆氇纺织有多个步骤：首先，剪羊毛是氆氇的一道基本工序，一般在夏季进行；而后人们开始将剪好的羊毛拖到河边，漂洗晒干；然后夹在一副铁刷中间，来回刷刮，将羊毛梳理成松软的羊毛长丝；最后用手摇纺车和纺锤，分别纺出纬线和经线。经线的纺织通常在空闲时间抽空进行，经线、纬线准备妥当之后，将经线以一匹氆氇的宽度和长度，依次纵向排列后缠绕在经线轴上，将经线轴固定在织布机上，由织工开始纺织氆氇。氆氇浓缩了高原几千年来的游牧文化，满足了藏族适应高原环境的需求，藏族人用它缝制衣裤、藏袍、藏帽、藏靴。氆氇纺织技艺非常考究，制作需花费大量时间，氆氇因其精而少的品质以及悠久的历史，为后人创造了宝贵的物质文化价值。

　　尖扎藏族氆氇纺织技艺于2020年1月列入县级非物质文化遗产代表性项目名录；2020年7月列入州级非物质文化遗产代表性项目名录；2023年2月列入省级非物质文化遗产代表性项目名录。

037
藏医"建么兹"疗法

藏医传统特色"建么兹"疗法是宇妥元旦贡布所著的《四部医典》中记载的最具特色的治疗方法之一。该疗法通过将藏医特色诊断和现代超声多普勒技术相结合，检查确诊疾病，并选择相应的基础藏药配方及卡次药物配方精心调配成药包，将药包置于汤锅中煮沸，热度似温奶，加一点植物油，置入牛皮袋或灌肠器内，用药量一般为一捧或一普（约400毫升），或者半普量，晚上让患者仰卧，将枕头垫在患者的臀部，用油脂擦涂肛门，灌肠器插入肛门约四指，然后稍微向后移动一下，将药物挤入肛门，轻击患者脚心后，紧握足趾将腿悬起抖动，促使药物在肠道内完全吸收。藏医"建么兹"疗法具有高效、实惠、简捷等特点。主要适用于龙形痞块、附件囊肿、腹胀、消化不良、精液干涸、月经淋漓、肾腰与肠道皆寒、身体虚弱、下身虫病等龙形疾病。

藏医"建么兹"疗法配合辅助疗法进行治疗后，具有舒筋通络、散瘀消肿、疏松腠理，开启汗孔，疏气通络，活血化瘀，祛风除湿的功效，疗效显著，并具有无痛、无创伤、无毒、无副作用、无疤痕、疗效持久等优点。愈后良好，改善了以上各类疾病的整体治疗效果。此医疗项目投资少，是一项短、平、快的新项目。传承人：索南卓玛。

藏医"建么兹"疗法于2021年11月列入州级非物质文化遗产代表性项目名录；2023年2月列入省级非物质文化遗产代表性项目名录。

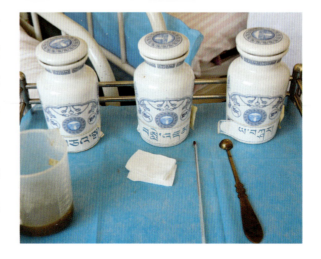

038
藏医蒸浴疗法

藏医药浴和蒸浴法，藏语统称"泷沐"，是藏族人民以土、水、火、风、空"五源"生命观和隆、赤巴、培根"三因"健康观及疾病观为指导，通过沐浴天然温泉或药物煮熬的水汁或蒸汽，调节身心平衡，实现生命健康和疾病防治的传统实践。"五源"与自然直接相关，藏医以"五源"为根基发展出的"三因"理论，表明人作为有机体，与自然界有着密切联系，各项生理功能均会因自然界的变化而受到影响，这为藏医学的发展提供了基本的理论支撑。

浴法分为水浴、蒸浴、敷浴三种，各有特色。水浴和蒸浴疗法，以五种天然温泉治疗相应疾病为最优。其作用是治疗外散于肌肉内伏于骨髓之伤热、毒热及陈热等各种热病。敷浴法是将配制或经烧煮后的药物装入布袋中，包扎或放置于患病部位，从而起到治疗效果的疗法。目前，藏医药浴和蒸浴可广泛应用于运动、循环、神经、消化、泌尿、生殖、内分泌等系统疾病的预防与治疗，具有祛寒通脉、祛风散寒、化瘀活络、温胃消食、温补肝肾等作用。

蒸浴时先将药水加热至40℃为宜，随后在蒸浴床上开始治疗。每日2次，每次半小时，蒸浴后盖被发汗1~2小时，7天为一疗程。蒸浴部位可根据病情需要分全身蒸浴和局部蒸浴两种。治疗过程中要注意调节水温，始终使其保持适当温度。传承人：杨忠合。

藏医蒸浴疗法于2021年11月列入州级非物质文化遗产代表性项目名录；2023年2月列入省级非物质文化遗产代表性项目名录。

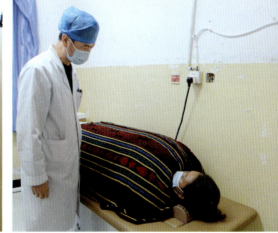

039

藏医能秀推拿疗法

　　藏医能秀推拿疗法是藏医传统十八种治疗法中较为特殊的一种外治疗法，藏医经典《四部医典》专章论述了该疗法。该疗法要通过藏医辩证诊断后依据病情选择相应的藏药和具体的治疗手法，处方药物经过加工与陈旧酥油、动植物油等相应的油脂加热融化混合成膏状，直接涂于患者的病处，病人平躺于能秀推拿床上，按摩后再涂药，医护人员须按肌肉神经走形和穴位原理给予按摩和理疗，使涂膏的药性渗透到皮肤、肌肉等组织，从毛孔而入其腠理，舒筋通络、营养神经、调节免疫机能，从而达到整体的治疗目的。藏医能秀推拿治疗能使药物渗透到病灶，使病变组织逐步恢复正常，相应的神经、肌肉细胞、韧带得以吸收营养修复，提高患者的身体防御及免疫功能，具有高效、实惠、简便等优点，主要适应于颈椎病、腰椎病等，疗效显著。

　　为传承和发扬藏医能秀推拿疗法这一非物质文化遗产项目，培养年轻的传承人，截至2022年底黄南藏族自治州藏医院招收来自省内外的藏医界同仁，收徒传艺200余名。传承人：周先卡。在传艺过程中对不同的学员因材施教且系统性地传授，将藏医能秀推拿理论和实践知识对学员进行一对一的指导，使学员掌握藏医能秀推拿疗法在临床诊疗中的方法及意义，并能够独立开展治疗工作。藏医能秀推拿疗法自2012年开展以来，救治患者量与日俱增，并得到了患者的肯定。藏医能秀推拿疗法所治疗的病种有各类型关节炎、颈腰椎退行性改变及神经系统疾病等，收治患者达275600余人次。

　　藏医能秀推拿疗法于2021年11月列入州级非物质文化遗产代表性项目名录；2023年2月列入省级非物质文化遗产代表性项目名录。

040

河南县那达慕

"那达慕"是蒙古语,意为娱乐、游戏,以表示丰收的喜悦之意。蒙古族那达慕大会是草原上一年一度的传统盛会。在那达慕大会上,并称为"男儿三艺"的骑马、射箭、摔跤成为大会的主要项目。那达慕大会在每年8月份——草原的黄金季节举行,这时候的草原水草丰美,牛羊肥壮,气候温和,正是人们表达丰收的喜悦和对美满生活憧憬的最好时节。

河南县那达慕主要流传在河南蒙古族自治县,现已有数百年的历史,由蒙古族、藏族传承。传承人代表:雪合多、多巴、昂杰,以记录和举办活动的方式传承。那达慕大会的主要项目有:赛马、赛牦牛、摔跤、射箭、射击、拉趴牛、抬沙袋等民族传统项目。那达慕上的各项活动都是力与美的显现、体能和

智慧的较量、速度和耐力的比拼,比较全面地展示了草原人民的综合素质。河南县那达慕不仅是简单的体育集会,更是草原交流文化、经济和信息的盛会。多姿多彩的民族杂技、服装、蒙古族舞蹈和蒙古族歌剧展现了蒙古族的风土人情,展示了草原人民勤劳勇敢、豪爽热情的性格。那达慕盛会具有广泛、深刻的文化内涵,反映了蒙古族的价值观和审美观,是蒙古族传统文化的重要载体。发掘、抢救和保护那达慕,对中国体育史,乃至世界体育史的丰富和完善都有着重要意义。

河南县那达慕于2020年4月列入县级非物质文化遗产代表性项目名录;2020年7月列入州级非物质文化遗产代表性项目名录;2023年2月列入省级非物质文化遗产代表性项目名录。

041
热贡拉则

热贡拉则是一种重要的传统民俗活动，它是在特定时间内举行的一种祭祀仪式，以表示对山神的崇拜，大致内容是：祭神、请神、娱神、娱人、祈祷和送神等。通常情况下，此项祭拜活动在春节期间（农历正月初一至正月初九）举行，拉则（神舞）环节多，仅舞蹈就有 13 种跳法，全民都会参与此项活动。

热贡拉则流传于同仁市隆务河流域的 23 个自然村和相邻的泽库县麦秀镇龙藏村等地，由藏族同胞传承。传承人代表：完玛当周、关却乎加。当地群众以举办活动和培训的方式传承。大年初一天还未亮，村中青年男子就早早准备起祭祀仪式，首先到供奉护法神的神山区域煨桑祈福，之后在法师带领下手持神鼓入户串巷，随着手鼓的敲击声拉开拉则的序幕。热贡拉则的多重价值：一、文化传承。热贡拉则是当地传统村落祭祀文化的集中表现，是传承群体山水自然理念的活态载体，体现着对自然生态环境的敬畏与呵护，对历史文化的尊重与延续。它不仅凝聚了群体向心力，还可以调节群体身心健康。二、促进文旅融合发展。加强拉则（神舞）的保护传承，促进了当地的非遗与旅游融合发展，丰富了热贡文化旅游的内涵，通过带动冬季旅游可以改善农牧民的生产生活。

热贡拉则于 2020 年 7 月列入州级非物质文化遗产代表性项目名录；2023 年 2 月列入省级非物质文化遗产代表性项目名录。

042

河南县蒙古族婚俗

河南县蒙古族婚俗由一系列民族民俗活动构成，有哈达定亲、佩弓娶亲、拦门迎婿、大小回门等一系列特定的仪式程序和活动内容。这些仪式程序和活动内容既不同于其他民族婚礼的程序，也与其他地区的蒙古族婚礼有别。河南县蒙古族婚俗以男方娶亲为主线，浓缩了蒙古族娶亲过程中的精华内容，寓情于歌舞，场面热烈欢快、诙谐喜庆，内容健康，品格高雅。

河南县蒙古族婚俗流传于黄南州河南蒙古族自治县，由蒙古族、藏族同胞传承。传承人代表有杨华、索南木多杰等，以民间习俗的方式传承。河南县蒙古族婚俗浓缩了蒙古族礼仪风俗的精华，成为迄今保留最完整、内容最丰富的一部蒙古民族风情画卷。它突出表现了蒙古族人民粗犷彪悍、豪爽热情、讲究礼仪的民族性格，是蒙古族婚礼中最具特色、最有吸引力、最隆重的形式。它展示了河南县的民族魅力，表达了人们追求幸福生活的美好愿望，具有丰富而深刻的文化内涵。在婚礼中，民族传统服饰可以得到最充分的展现。婚礼既是服饰文化的展现，又是饮食文化的展现；既是民族文化的乐园，又是语言艺术的盛会；同时教育青年人要有同甘共苦的担当，遵循孝亲敬亲的传统，恪守伦理道德，有助于构建和谐家庭、和谐社会。

河南县蒙古族婚俗于 2016 年 11 月列入县级非物质文化遗产代表性项目名录；2017 年 7 月列入州级非物质文化遗产代表性项目名录；2023 年 2 月列入省级非物质文化遗产代表性项目名录。

黄南藏族自治州

州 级

非物质文化遗产项目名录

043
热贡土族（吾屯）语言

吾屯话（又叫桑格雄）分布在青海同仁地区，是国际语言学界广泛关注的特殊方言。目前仅有不到5000人使用这种语言，它有着藏－阿尔泰性质的语法形态系统，又有着汉－藏词汇系统，表现为一种复杂有序的、奇妙的融合结构系统。

热贡土族（吾屯）语言流传于同仁地区，由当地藏族、土族、汉族同胞传承。它以当地的藏语乃至阿尔泰语为基础，多种语言互相接触，形成了独具特色的语言系统，并在后来的使用中不断丰富。这种独特的方言尽管只有不到5000人使用，但是作为中国129种独立语言之一，吾屯话具有独特的语言地位。吾屯话的口传文化中，拥有大量与绘画雕塑等艺术相关的术语和表达形式。藏语、汉语、阿尔泰系语言在吾屯话中的结合是如此深入、复杂，而且是如此的有机、有序，构成了一种独特而完整和谐的新系统，这也使吾屯话拥有了自身独立的品格。这种精妙绝伦的"异源结构"系统令人叹为观止，是族群互动与语言接触的不可思议的神奇力量的结晶。

热贡土族（吾屯）语言于2008年6月列入州级非物质文化遗产代表性项目名录。

014
黄南歌谣

歌谣是民间一种特殊的歌曲，种类多，内容丰富多彩，有宇宙起源歌、放牧歌、祭歌、赞歌、对歌、婚歌、思念歌、托歌、吉祥歌等。藏族人在婚礼、节庆等场合进行语言交流时通常都用民歌作为情感表达方式，能够体现语言的优美和藏族人善用修辞的特点。

黄南歌谣流传于黄南地区，由藏族、汉族、土族、蒙古族等多个民族的同胞传承，主要以口头相传的方式延续下来，当地群众广泛掌握歌谣唱曲。黄南歌谣具有深刻的思想性和较高的艺术性，从中可以看出藏民族社会历史、时代生活、风土人情以及文化艺术演变的基本概况。它深邃而丰富的思想内容是通过优秀卓越的艺术形式表现出来的，歌谣具有人民性、广泛性、高度的思想性和艺术性，并在发展演进中不停完善自我。黄南歌谣结构大多比较完整，故事有开端、发展、高潮和结局，有些还有尾声，运用比兴、夸张、排比、拟人、重叠、复沓等修辞手法，内容积极向上，在中国民间文学中具有重要地位，其中不少宏伟的篇章成为中华文明的宝贵财富。黄南歌谣在民族学、民俗学、宗教学、语言学等学科领域具有很高的研究价值，对不同时期的黄南地区的社会形态和人文地理研究具有很高的参考价值。它还对建设美丽家园及和谐社会起到积极的作用。保护、传承这一文化形态对本地区语言、生活、文化的发展具有重要的作用。

黄南歌谣于 2008 年 6 月列入州级非物质文化遗产代表性项目名录。

045
黄南民间故事

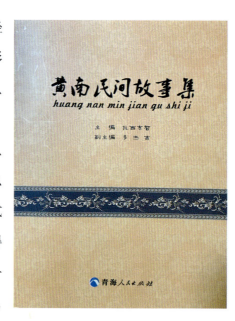

　　民间故事是指在广大人民群众中口头流传，并经过历代不断加工、丰富和传承下来的一种叙事文学形式。这些故事源于民间生活，蕴含丰富的历史文化信息、道德观念，具有鲜明的地方特色和民族色彩。

　　黄南民间故事流传于黄南地区，由藏族、土族、汉族、撒拉族等民族的同胞传承。传承人代表：完么尕藏、尕加、万德卡，以家族相授、群体传承的方式传承。现存的传承人在长辈的言谈和娱乐艺术中懂得了黄南民间故事的文化价值，然后开始关注学习这一文化遗产。黄南民间故事带有神话色彩的美丽故事，一方面说明了古代人民的朴实，另一方面又说明了先民富有不屈不挠的斗争精神。这些美丽的故事像一个个优美的音符在听众心中跳动，丰富了人们的精神世界，对延续中华民族的历史、传承中华民族的文明发挥了一定的作用。这些故事也包含了本地民族的一些习俗、信仰、社会情况，这些都是本地区民族整体文化的一部分。

　　黄南民间故事于 2008 年 6 月列入州级非物质文化遗产代表性项目名录。

016
黄南民间谚语

谚语在藏族中被称为"当白"。它是藏民族在长期的生活劳动中提炼的一种口头文学，是藏民族语言的精华，有着极为强大的生命力，闪烁着藏族人民智慧的火花。

黄南民间谚语流传于黄南地区和甘南地区的夏河县、碌曲县等地，这些地区相同的民间习俗、礼仪等组成了共有的黄南民间谚语。黄南民间谚语主要由藏族同胞传承，以长辈传授和娱乐艺术的方式传承。在公元前 8 世纪左右，藏族文学史就有了记录和收集谚语的文集——《松巴谚语集》，它是藏民族最早的谚语故事汇集，其在语言结构和修辞手法上都独具特色。谚语多数反映了劳动人民的生活实践经验，多是通俗易懂的短句或韵语，其内容大致分为：气象类、播种类、农作物成长类、农作物收获类、节气时令类、婚嫁类、治家类、睦邻类、农事类、水果类、商业类、学习类、卫生保健类等。谚语在人民生活中具有多重功能，它不仅总结了社会生产和常识方面的知识经验，还指导人们处理生活中许许多多复杂的细节问题，也能够充分有力地帮助人们表达思想感情，表示人们对社会生活的种种态度。民间谚语在传承传统文化、体现民族精神、反映对自然的认识以及在现代人的日常生活表达中起着极其重要的作用。

黄南民间谚语于 2008 年 6 月列入州级非物质文化遗产代表性项目名录。

017
"扎年"弹唱

"扎年"，藏语意为"悦耳动听之声"，又称扎木聂，因其设六弦，故也称六弦琴，它是一种历史悠久的弹拨乐器。"扎年"历史悠久，究其起源，众说不一。较多的藏学研究者根据藏文古文献认为："扎年"源于西藏，是藏族自己创造的乡土乐器，历史悠久。

"扎年"弹唱流传于西藏、四川、云南、青海、甘肃等地，距今已有1000多年的历史，由藏族同胞传承。"扎年"弹唱出现在各种歌舞场合、体育竞赛场合、婚礼宴席场合，上至古代的王室家族下到普通老百姓都有参与。"扎年"弹唱以弹、唱、舞三种方式来进行歌舞，在弹唱中表达了生活中的感受与情绪，弹唱歌曲需要从曲调、节奏、调式、速度、力度等音乐要素来领会。藏族人聚集在一起弹唱对歌，可男女对唱，也可集体表演，在集体歌舞时领头人能起到伴奏、领唱、领舞的作用。"扎年"琴，它使得藏族音乐更加生动，在藏族乐器中不可或缺。"扎年"琴独特的文化价值，反映了一定历史时期独特的审美观念，也成了具有浓郁的地域和民族特色的乐器。它集藏族乐器文化艺术之大成，是我国藏民族文化艺术魅力的重要表现乐器。

"扎年"弹唱于2008年6月列入州级非物质文化遗产代表性项目名录。

048
尖扎民歌

民歌在藏语中被叫作"勒","勒"是最普及、最常见、流传最广的歌唱形式。"勒"依其内容和歌唱形式的不同可分为"道勒"（赞歌）、"坎参"（逗乐歌）、"艺乐"（悲歌）、"毛勒"（理想之歌）、"勒斜"（对答歌）、"扎西"（吉祥歌）等。尖扎民歌是融合了尖扎地区特有的民族信仰和文化的民歌。

尖扎民歌流传于黄南的尖扎地区，由藏族同胞传承，一些民歌爱好者和乡土歌手坚持民歌的收集、整理和传承。从民歌的创作题材内容上看，藏族民歌与藏族人民的生活紧密相连，民歌中都是与藏族人民息息相关的内容，如人们的文化信仰、生产生活等。民歌内容有赞美大自然、描写骏马牛羊的；也有讴歌英雄事迹，描述民族习俗的；还有感怀思亲，祝福吉祥的。"勒"的曲调丰富，情绪欢快，形象生动，生活气息非常浓

厚。"勒"的旋律以自由的节拍和严密有序的律动形成了悠扬辽阔、舒展豪放的音乐形象，充分表现了自由豪放的草原民歌特点。尖扎民歌是藏族民歌的重要组成部分，传承、保护和发展尖扎民歌是弘扬民间传统文化的重要方式。尖扎民歌记录了藏族的历史发展、生活状态、思想认识的变化等，对人们更好地了解藏族文化有着十分重要的意义。

尖扎民歌于 2008 年 6 月列入州级非物质文化遗产代表性项目名录。

049

藏族民间"协巴"

"协巴"是指艺人以民间的各类赞词及道歌对天地山川、自然万物及人类日常生活的直接描述。它是藏族从古至今流传下来的特殊的语言艺术，多以夸张和虚构的艺术方式来表达宇宙的形成、藏族风俗习惯以及特殊物体的来源等。"协巴"不仅是藏族在长期与大自然拼搏过程中累积的知识，也是一种反映不同历史阶段的社会生活的文学艺术。

藏族民间"协巴"流传于青海、甘肃等广大使用安多方言的地区，由藏族同胞传承，并在当地广泛流传。安多口传文学"协巴"是丰富而多样的思想养料，是藏族文学的源泉和奠基石，它在藏族民间生活中占有重要的地位，涵盖生活的方方面面，是藏族结亲联姻和节庆等重要的活动上的重要仪式之一。虽然它没有固定的典籍作为继续传承和发扬的重要纽带，但是在整个民族发展历史进程中都或多或少地保留着原有的"协巴"风格，"协巴"也影响着本民族物质文化和精神文化的各个领域。藏族民间"协巴"与藏民族的文化成长同步，它承载着藏民族的创作力和灵感，以藏民族丰富的表现形式，体现出独特的文化价值。它作为民间文学的重要组成部分，特有的婚礼"协巴"、弓箭的"协巴"、美酒的"协巴"等凝聚了藏族的人生观和价值观、审美观等，研究"协巴"成了现今研究藏族文学的重要内容之一。

藏族民间"协巴"于2008年6月列入州级非物质文化遗产代表性项目名录。

050
哲嘎（白尕）

　　哲嘎（白尕）为藏语，主要指一种传统音乐，是丰收时节或藏历新年等节庆之日说唱的吉祥祝祈词，它集说唱、舞蹈为一体。一些藏汉辞典的记载中把藏文"哲嘎"解释为"白米"或"稻米"，另一种看法则认为"哲嘎"应被解释为"白色老人"，简称为"哲嘎尔"。"哲嘎"的"哲"意为丰富、节庆，"嘎"意为吉祥、祝祈。

　　哲嘎（白尕）广泛流传于上阿里三围、中卫藏四翼、下多康六岗等地，由各地多个民族的同胞传承。民间广泛存在着传承这门技艺的艺人。哲嘎（白尕）的表演形式丰富多样，融朗诵、杂技、说唱、铃鼓舞、滑稽表演于一体。其说唱内容也极其广泛，涵盖了天地万物、人类历史、宗教史诗、神话传说、世俗故事，可谓包罗万象。哲嘎艺人通常手持拐杖云游四方，旅途中靠说唱哲嘎来化缘谋生。每当藏历新年到来之际，哲嘎就成为节日生活中不可或缺的说唱表演，说唱哲嘎的艺人多为老者，他们将深厚阅历和广博见识以说唱和舞蹈的形式传达给人们。通常哲嘎老人（艺

人）在说唱哲嘎时头戴独特的滑稽面具，肩搭褡裢，手舞五彩拐杖，在广场、草地、街头、村落自由表演。

　　哲嘎（白尕）于 2008 年 6 月列入州级非物质文化遗产代表性项目名录。

051
拉伊

拉伊是藏语，属"山歌""野曲"之列，是流行于甘青藏族地区的一种民歌，多以赞美、追求、怀念爱情为题材。它一般多在户外山野吟唱而回避长辈及家人，偶尔也在重大庙会节日兴唱，也会出现在重大喜庆节日的文娱活动中。"拉伊"演唱是一个深受群众欢迎的节目，农历正月祈愿大法会期间举行的"毛兰木拉伊演唱会"就是一个例子。

拉伊在黄南州广泛流传于同仁地区，当地由藏族、土族同胞传承。传承人代表：叶席措、仁青卓玛、索果措，以师徒传授的方式传承。拉伊声调婉转、语言生动，有着自由的节奏、悠扬的旋律和一套完整而自成体系的歌词。往昔，同仁、尖扎等地的拉伊演唱活动常在历史悠久的"尖扎嘛呢

会"（又名昂思多嘛呢会）上举行。拉伊是高原藏族儿女表达圣洁爱情、交流情感、歌颂美好生活的一种民间艺术形式，有着丰富多彩的内容和独特的艺术魅力，是藏族文化艺术的瑰宝。拉伊历史悠久，承载着民族的创造力和灵感，显示出鲜明的区域特色和独特的艺术风格，以其丰富的表现形式体现出独特而重要的文化价值。来自四面八方的群众云集在拉伊盛会上，促进了各地区之间人们的文化和情感交流。

拉伊于 2008 年 6 月列入州级非物质文化遗产代表性项目名录。

052

则柔

则柔是藏语译音，泛指一切的歌舞唱跳等娱乐活动，包括下藏棋、展示藏族歌与舞、赛马娱乐等玩、跳、唱活动。则柔艺术性较强，由乐曲、歌曲、舞曲三位一体联结成套，表情端庄，舞姿柔和，多呈"三道弯"S型体态，整个着装和表演保留着明显的农牧劳作遗风，浸透了雪域高原的风情习俗。

则柔流传于黄南、海南、夏河各县农业区的藏族之中，在牧业区的藏族中很少流传。这门古老的民间艺术活动广泛为大众所习得。以在婚礼、节庆表演时，老艺人传授于年轻人的方式传承。则柔表演中，歌唱时男女二人或数人（皆为偶数）一手托举藏袍长袖，一手轮换相牵，边唱边在原地左右旋转，并伴有简单的形体动作，所以也有人把这种歌译为表演唱。则柔的旋律精练流畅，整个曲体与歌词较规整，鲜有变化。则柔的价值：一、则柔在藏族舞蹈中有广泛的代表性和典型性，它的传承有利于弘扬藏族舞蹈文化。二、则柔是藏族人民乐天达观人生态度和豪放个性的表现，其以丰富的表现、独特的风貌、精湛的技艺闻名省内外。在研究、弘扬藏族则柔文化和艺术方面具有独特的价值。三、则柔在人类学、民族学、民俗学、文学等研究方面具有重要价值。四、则柔地位神圣，影响广泛，以很强的凝聚力和激发力成为一种精神动力，可以在精神文明的建设中发挥独特作用。

则柔于2008年6月列入州级非物质文化遗产代表性项目名录。

053

骨笛（鹰笛、羊骨笛）吹奏

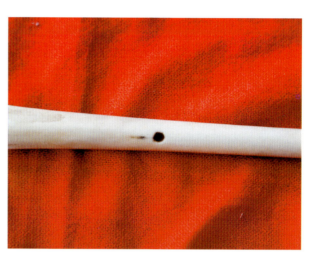

骨笛是最早的乐器之一，它也是笛子的一种。骨笛又称鹰笛或鹰骨笛。鹰笛用大鹰翅骨制作，制法与竹笛相同，但比竹木短笛更加短小，多在夏季放牧或田间劳动休息时吹奏以自娱。经常吹奏的乐曲有《春播》《上山》和《下山》等。

骨笛（鹰笛、羊骨笛）吹奏流传于黄南地区，已有1000多年的历史，由藏族、土族同胞传承。传承人代表多杰扎西、吉德、尕土加和华卡加，该技艺以长辈传授的方式传承。鹰笛一般开7孔，有1个调声孔和6个按指孔，顶端直接做吹孔，吹孔通过按木塞或开三角形为吹口，调声孔一般为矩形，靠指孔方向作成坡面。羊骨笛由羊的小腿骨制作，比鹰笛长而粗，一般长约8寸，上开6孔或8孔。早期的鹰笛仅供游牧民放牧时放松身心使用，现多用于盛大节日、婚礼和迎宾送客等喜庆场合，也在歌舞、赛马等活动中作为伴奏音乐使用。黄南地区用鹰笛吹奏藏族民间乐曲，如"民歌"和"拉伊"曲调等，极大地丰富了当地人民的文化生活，体现出浓郁、强烈的热贡风格。同时，骨笛吹奏还促进了当地各民族之间的文化交流，进一步增进了各民族之间的感情，维护了民族团结和社会和谐。骨笛（鹰笛、羊骨笛）吹奏以丰富的表现形式，体现出独特的文化价值。

骨笛（鹰笛、羊骨笛）吹奏于2008年6月列入州级非物质文化遗产代表性项目名录。

054
热贡藏、土族
"背经转田"习俗

"背经转田"是人们为了祈求丰收而举行的一种祈福活动。仪式通常是由手捧炷香者和高举经幡者引路，随后由拉哇作领队收地气，以祈求丰收。随后是手持青稞穗和麦穗的村民绕着本村的土地转圈，以祈求风调雨顺，五谷丰登。

热贡藏、土族"背经转田"习俗流传于黄南地区，由藏族、土族同胞传承，是人们祈求老天赐给自己一个丰收年的活动。热贡地区"背经转田"习俗，是西藏望果节在不同时空条件下的一种延续。生活在天气变化莫测的高原，人们担心洪涝、干旱、冰雹无情的袭击，辛苦了大半年的人们常常对暴虐无情的冰雹无可奈何。因此，在六月四日这天一个骑白马的人拿着九宫八卦图沿着冰雹路（经常下冰雹的方向）走在最前面，

紧跟其后的是咒师和几个骑着马的随从，骑马者一般会穿着黄缎子袍，头戴圆形红穗的"索夏"（蒙古帽），而背经书的男女则走在最后。到一个指定的位置咒师停下来开始念经咒，其他人在骑白马的人的带领下绕着田地转。他们有时候也会到附近的寺庙去转，然后大家围坐在一起进行简单的野餐。

热贡藏土族"背经转田"习俗于 2008 年 6 月列入州级非物质文化遗产代表性项目名录。

055
民间"拉卜则"祭

　　"拉卜则"系藏语音译，汉文意为"山顶上插有风旗的石堆"。青藏高原本土宗教苯教和民间都有"拉卜则"这样的民俗文化传统，后来藏传佛教继承、改造了建立"拉卜则"来祭祀山神的古老习俗。"拉卜则"建成后，人们每年都要按期进行祭祀，民间喜闻乐见的"插箭节"就是每家每户以向山神祭供神箭为主题，同时也辅以祭献风马、经幡、煨桑等祭祀内容的节日。其神箭长约3米，箭尾削成箭镞状，箭首装3块彩绘木板象征箭羽，其上彩绘龙、鹏、虎、狮4种动物图案。箭是献给山神的守护神山的兵器。

　　民间"拉卜则"祭流传于同仁境内，由藏族、土族、蒙古族同胞传承。藏传佛教传入蒙古族聚居区后，蒙古文将"拉卜则"译为"包"（亦译"鄂博"），"拉卜则"也从此广为流传。当地有大小"拉卜则"200多处，这些"拉卜则"基本都建在山头和山坡上。"拉卜则"的用途有很多种，如为部落保平安、祈求家族的繁衍、求得财富、消除灾难等，有些"拉卜则"是两个部落为进行地理分界而专门建的界桩。"拉卜则"既有属于一个部落的，也有数个部落或某一地区共同拥有的，还有些"拉卜则"是属于单个家庭或某个家族的。"拉卜则"在发展中还形成了有关"拉卜则"供祭仪轨的经典传说，后来它发展成为代表战死沙场的勇士的标志，象征着英雄的灵魂，这种英雄的灵魂能保护自己的军队压制敌人，后来逐渐又演变为一种敬神灵的仪式，即今之"拉卜则"。

　　民间"拉卜则"祭于2008年6月列入州级非物质文化遗产代表性项目名录。

056
热贡"宁玛派"法舞

法舞，学名为"金刚驱魔神舞"，藏语称其为"羌姆"，蒙古语称其为"布扎克"。它是在西藏土风舞的基础上，吸取了藏传佛教仪轨的某些形式而形成的一种藏传佛教密乘仪式舞蹈。"宁玛派"是藏传佛教中最早形成的教派，以"古旧"自称，主要由莲花生大师所传的旧派密法发展而来，它的羌姆（法舞）可直接溯至莲花生大师创编的《桑耶金刚舞》。

热贡"宁玛派"法舞流传于热贡地区，由藏族、土族同胞传承。传承人代表：李加先，主要以师徒相传的方式传承。出现在热贡"宁玛派"羌姆中的本尊为莲花生大师。热贡"宁玛派"的羌姆，其主要内容源自"宁玛派"密法仪轨。在黄南州同仁市曲库乎乡江龙村琼贡寺，每年农历正月初九到十四会举行隆重的"宁玛派"羌姆，其表演主要由两大部分组成：一是赞颂"宁玛派"主神八大护法，主要角色有八大护法及其随从，如游方僧、鹿神、牛神、水族神、咒师等；二是驱魔辟邪。热贡的羌姆（法舞）是藏族民间文化的大荟萃，是各种音乐、舞蹈艺术及民俗礼仪的大展演，它集合了流行于热贡乃至安多地区的各类藏族民间音乐和民间戏剧表演艺术，充分展示了热贡地区藏族民间艺术丰富多彩的发展情况和高度的艺术成就。羌姆是传播传统文化的媒介，促进了民族团结，增强了民族自信心，每年吸引了数以万计的游客前来观看羌姆，这使得热贡地区文化旅游得到飞速的发展。

热贡"宁玛派"法舞于 2008 年 6 月列入州级非物质文化遗产代表性项目名录。

057
热贡唐卡艺术

　　热贡唐卡是热贡艺术中的一个重要门类。"唐卡"系藏语,意为"卷轴画",即画有图像的布或纸,一般专指有佛教内容的、相当规范的画像。

　　热贡唐卡艺术起源于今黄南州同仁地区,历经数百年的发展与演变,逐步形成了一套完善的绘画体系。它既继承了藏传佛教及西藏唐卡艺术的传统风格,又吸收了汉地文化和其他周边民族的艺术特色,经过历代画师的传承与创新,形成了鲜明的时代及地域风格特征。主要传承人员：娘本、夏吾才让、夏吾角、更登达吉、桑杰才让等。热贡唐卡的主题多围绕藏传佛教的教义、神祇、历史故事以及高僧大德等内容展开,常见的有佛、菩萨、护法神、坛城、本尊、上师传记等。作品中常描绘的五姓财神（如黄财神、白财神、黑财神等）体现了藏传佛教对财富与吉祥的信仰。热贡唐卡被公认为是世界上绘制工序最"繁复"的工笔画。画师们秉持初心,使用特制的画笔,运用高超的勾描、渲染技艺,体现出唐卡背后的文化和历史。唐卡的颜料采用金、银、珍珠、玛瑙、红珊瑚、绿松石等天然矿物研磨成粉,经传统配色工艺秘制而成,因此它的色泽历经数百年岁月洗礼,依然能色彩亮丽,带给观者以强烈的震撼力和感染力。

　　热贡唐卡艺术于 2008 年 6 月列入州级非物质文化遗产代表性项目名录。

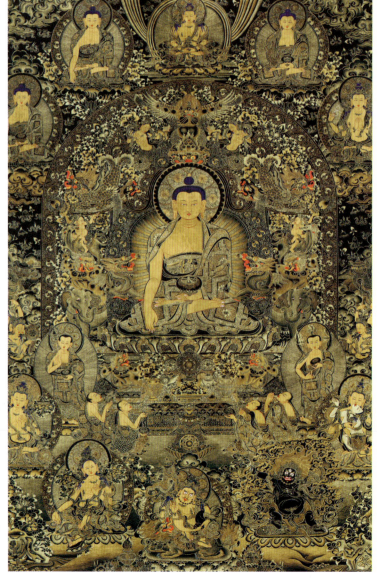

058

"坛城"制作技艺

  "坛城"在藏语中被称为"吉廓",有法坛与道场的意思。坛城是各类本尊神的法界宫殿,从修行者的角度来看,坛城是一种精神的象征,它不仅象征着本尊的智慧与威德,也是一种展示宇宙和人生真理的图绘。

  黄南地区的坛城制作技艺主要在隆务寺及附属寺院传承。坛城制作工艺首先依据特定的佛教经典进行传承,需要确定坛城的主题、布局、主尊位置及附属元素。要先在纸上勾勒出大致轮廓,包括中心圆、四方形、莲花座、金刚杵等基本结构,以及各类神祇、符号、咒文的位置,再使用墨线细致刻画所有图形的轮廓,线条精准流畅,表现出强烈的韵律感和节奏感。然后使用天然矿物颜料,按照宗教仪轨规定的色彩象征系统进行填涂。继而进行描金、勾勒边框等收尾工作。最后由高僧大德诵经、灌顶,赋予坛城灵性和力量,使之成为真正的宗教艺术品。

  "坛城"制作技艺于2008年6月列入州级非物质文化遗产代表性项目名录。

059
热贡堆绣技艺

　　堆绣是一种传统手工技艺，在组装时需用丝绫或其他丝织物剪贴、堆叠拼成多层次的图案。热贡堆绣的作品以悬挂唐卡为主，内容以佛教题材居多。其原料采用真丝锦缎，工艺也比较复杂，需要经过裁剪、粘贴、熨烫、绘画等工序，最后将完整的画幅组装在底布上。这样的工艺做出的很多花鸟、人物作品色彩艳丽、层次分明、神态逼真、生动活泼。

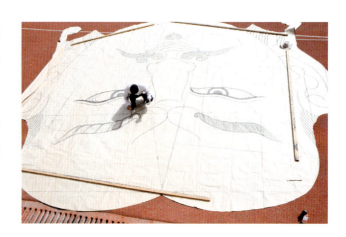

　　热贡堆绣技艺流传于黄南的同仁地区，由藏族、土族同胞传承，被众多民间艺人所掌握。该工艺有着悠久的历史，原来是用五色的彩绸剪贴成花形、鸟形，贴在屏风上或戴在头上，后来经过发展形成了一种独特的手工艺，叫"贴绢"和"堆绫"。据同仁地区土族名画师更藏的研究，堆绣技艺传入青海藏民族聚居区约250年，在这期间堆绣技艺逐步为热贡艺人所接受，并在广大藏民族聚居区兴盛起来。堆绣作为一种高雅的艺术，可以装点居室，也是馈赠亲友的好礼品。因做工精美、色彩丰富、立体感强、简单易学而深受大众的喜爱。热贡堆绣技艺历史悠久，它体现了藏族的古老文化，在人类学、民族学、民俗艺术等各种领域具有重要价值。热贡堆绣技艺以丰富的表现形式，体现出独特的文化价值。

　　热贡堆绣技艺于2008年6月列入州级非物质文化遗产代表性项目名录。

060
热贡木雕技艺

热贡木雕是雕刻艺术中的一种，在热贡艺术中占有重要的地位。热贡木雕的题材除了相当量的佛像外，主要还有印经板、藏式建筑的门楣、柱头上的装饰雕刻以及生活用品等内容。

热贡木雕技艺始发于西藏，后又流传于今黄南州的同仁地区，由藏族同胞传承，为众多手工艺人所掌握。热贡木雕技艺可追溯至四五世纪萨迦派智合那哇及其徒弟活动时期。木雕技艺是以木材为主要材料，通过精细的切割、雕刻和打磨，创造出具有极高艺术价值和文化内涵的立体或平面作品。随着热贡木雕技艺的雕刻艺人相继去世，传统的技艺被市场经济不断冲击，粗制滥造的现象越来越多，为了保护这种传统技艺不失传，当地设立了传习中心，邀请专家开设培训班，让越来越多的年轻人接触、了解这种传统技艺，并发扬光大。热贡木雕技艺作为一项传统的民俗技艺，展现了藏族人对美好生活的期望，它体现了藏族人的古老文化，在人类学、民族学、民俗艺术等各种领域具有重要价值，并以丰富的表现形式，体现出独特的文化价值。

热贡木雕技艺于 2008 年 6 月列入州级非物质文化遗产代表性项目名录。

061
热贡银饰制作技艺

热贡银饰制作技艺是以银料为原料进行加工的传统手工制造技艺。银饰制作工艺方法有铸炼、擂打、编结、拉丝、镶锻、刻花、雕纹等，图案多以龙凤、花鸟等动植物构成。

热贡银饰制作技艺流传于今黄南州的同仁地区，由藏族同胞传承。整个银饰制作过程无图可循，银匠们要靠他们对祖先、对佛教、对生活的理解做到"心中有图"，从而使整个加工过程一气呵成。藏族银饰主要表现出的是一种独特的造型特色，即通过大量的银饰与各色宝石组合成头饰、颈饰、胸饰等，在形式上体现出一种繁富与浓丽的融合之美，其风格是厚重粗犷的，而且藏族还非常重视银饰的功用性，如随身携带的银制藏刀和其他银制佩物等。作为一项民间技艺，热贡银饰制作技艺满足了广大群众的精神需求，丰富了群众文化生活，为藏学及藏族艺术的研究提供了鲜活的资料，具有很高的历史文化价值。为了保护传统技艺不失传，当地设立了传习中心，邀请专家开设培训班，让越来越多的年轻人接触、了解这种传统技艺并发扬光大。热贡银饰制作技艺作为一项传统的民俗技艺，展现了藏族人对美好生活的期望，其悠久的历史体现了藏族的古老文化，在人类学、民族学、民俗艺术等领域具有重要价值。

热贡银饰制作技艺于2008年6月列入州级非物质文化遗产代表性项目名录。

062

热贡藏式建筑技艺

热贡藏式建筑技艺集中体现在建筑技术与建筑风格上。黄南州同仁地区的藏族房屋建筑，可分为寺院建筑和民居建筑两类。寺院建筑主要由佛殿、护法神殿、大经堂、活佛府邸、僧舍组成。

热贡藏式建筑技艺流传于同仁地区，由藏族、土族同胞传承。传承人代表：朱尕良、朱景措，以记录和人才培养的方式传承。寺院建筑结构可分为土木结构和石木结构两种。经堂和佛殿采用石木结构，活佛府邸和僧舍是土木结构。活佛房舍一般是二层转角楼，一般由活佛和僧人修建平顶房屋。经堂和佛殿的建筑形式有汉宫殿式、藏平顶式、底层为藏平顶式上层为汉宫殿式的汉藏合璧式三种建筑形式，其中以汉藏合璧式建筑居多。黄南农业区藏族居住的是平房，平房由围墙、客厅、面坊、烧炕、佛堂、牛棚、草房和厕所等组成。一般是一家一院，围有土墙庄廓，七间上房，也有五间、六间的。房屋两个边间将前檐抱住，叫作虎抱头，两边抱头都盘火炕，一边是连锅灶，一边是煨炕。寺院建筑是宗教活动和宗教人员居住、活动和学习的场所。民居建筑主要满足主人居住、礼佛、储藏物品和关圈牲畜等需求。

热贡藏式建筑技艺于 2008 年 6 月列入州级非物质文化遗产代表性项目名录。

063

保安剪纸技艺

保安剪纸技艺始于明初，是中原农耕文明西进的产物。保安剪纸技艺作为一种镂空艺术，在造型上选用夸张变形的手法，将一些不同的空间、时间和物象进行组合，像牡丹花与蝴蝶、喜鹊与梅花、狮子与绣球等大图案，配以月亮、星星、云彩、蜜蜂、蝴蝶、小鸟等作为辅助线条组合起来，形成大一统而又完整的图形。

保安剪纸技艺流传于黄南州同仁地区，由保安镇汉族同胞传承。传承人代表：王绍良、王珑、王玉珍，以师徒传授的方式传承。每逢春节，妇女们用一张红纸、一把剪刀，剪出喜庆的图案，贴在门窗上，烘托出节日的祥和与喜庆。保安剪纸主要有"折剪"和"迭剪"两类。"折剪"是将纸折叠后开剪，展开后就是一幅精美的几何图案。这种剪法主要用于窗户四角的"角余"；"迭剪"是将数张大红纸重叠在一起，用大针脚简单固定，然后按上层描画的图案进行剪裁，如此能一次得数张窗花，这种剪法主要用于窗户正中央以及较大图案上。"万剪不断"的技法给人以空灵、抽象的美感与视觉艺术享受。

人们祈求风调雨顺、国泰民安、五谷丰登、丰衣足食、人丁兴旺、健康长寿、万事如意的朴素愿望，都借剪纸传达出来。剪纸激发了人们对美满幸福生活的向往。保安地区的妇女们，用一把小小的剪刀或刻刀，运转灵活地在纸上镂空剪刻成花样，用来装点生活，寄托精神信仰。

保安剪纸技艺于2008年6月列入州级非物质文化遗产代表性项目名录。

064

热贡藏族编织技艺

热贡藏族编织技艺是藏民族聚居区的传统手工技艺。其编织用料主要以本地的牛羊毛绒为主，捻线、编织、打结技巧非常普及，藏族人民在日常生活中用羊毛牛绒编织各类生活用品。

热贡藏族编织技艺流传于黄南州同仁地区，由藏族、土族、蒙古族同胞传承。编织装饰的色彩浓艳，纹样单纯，具有鲜明的藏族文化特色。编织制作过程均为手工操作，不受时间和空间限制，一件织品可由一人完成，也可由多人共同完成，由于工序繁多且复杂，故制作一件织品需要较长时间。编织技艺独特，有四种类型：单线、两股线、三股线、四股线。编织出来的各种纹饰千姿百态，具有柔软、平整、密度紧、质地厚、保暖、经久耐用和传代性强等特点。编织的主要织品有毛大衣、毛帽、毛裙、毛毯、藏被、毛绑腿、毛腰带等。编织的主要制作工序为：原毛收集、原毛洗涤脱脂、打毛、搓捻成线、点线织布、剪裁、缝制成型等。民间毛织品制作有着较强的日常生活实用价值，它除了自给自足外，还给当地人民群众的生活带来了实惠，从古至今都深受广大人民群众的喜爱。它也体现了藏族的古老文化，在人类学、民族学、民俗艺术等各种领域具有重要价值。

热贡藏族编织技艺于 2008 年 6 月列入州级非物质文化遗产代表性项目名录。

065
藏族木制品加工技艺

　　黄南的藏族木制品加工技艺是藏族群众结合当地自然环境和藏族群众热爱木质器具的心理产生的一门手工技艺。

　　藏族木制品加工技艺主要流传在黄南州同仁地区，传承人有当地藏族同胞，以师徒授艺方式传承。藏族木制品加工技艺主要体现在家具、厨具及寺院供奉器皿、"羌母"面具上。

　　藏族木制品往往选用当地特有的优质木材，如柏木、松木、桦木等质地坚硬、纹理美观且耐久性强的木材。木制品加工技艺的每个步骤都遵循严谨的传统工艺流程。木材需经过干燥、去皮、切割、打磨等环节，确保材质稳定，防止变形开裂。对于有特殊要求的部件，如雕刻装饰的部分，可能需要经过长时间的自然晾干或特殊处理以达到理想的工艺效果。宗教供奉器皿对原材料的选择注重其自然属性与宗教象征意义的契合。家具、厨具等木制品常饰有精美的图案，图案包括吉祥纹样、花木神兽、自然元素等，雕刻往往采用浮雕、透雕、阴刻等多种技法，线条流畅，形象生动，展现了藏族木制品加工技艺匠人的高超技艺和丰富艺术想象力。

　　藏族木制品加工技艺于 2008 年 6 月列入州级非物质文化遗产代表性名录。

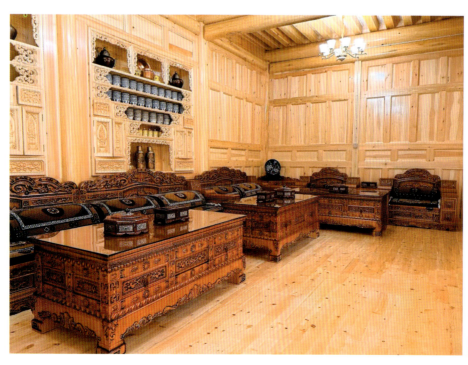

066

热贡石材加工技艺

热贡石材加工技艺是一种民间艺术，它被用在器物装饰上，其内容包含原始宗教——苯教及万物崇拜的诸神、民间传说、历史人物以及丰富的藏传佛教内容。

热贡石材加工技艺流传于黄南州同仁地区，由当地藏族、土族、汉族同胞传承。传承人代表：卡卓、扎西东周、李加他，以培养人才的方式来传承。石材加工以石刻为主，主要形式有：浮雕（浅浮雕、高浮雕）、圆雕。六字真言和经文多以浅浮雕的形式表现，造像以浅浮雕或高浮雕的形式表现，圆雕较为少见。石刻技法有：线刻、减地刻、减地加线刻，以减地加线刻居多。雕刻的步骤一般是先在石平面上用粉笔或炭笔画上所刻神灵、佛塔、六字真言字母的轮廓线，然后以锤子和錾子錾出大形，接着是入

细，进行局部精刻。存留的雕刻在当时大多是着色的，现今这些着色被部分地保留。寺院将石刻用来收藏或用于装饰寺院壁面、建筑顶部和佛塔的塔基、塔壁等。装饰石刻要求的水平较高，多为专业匠师和僧人所刻，造型也较严谨讲究。此外，还有摩崖造像，体现了一种民间纯朴的宗教信仰。

热贡石材加工技艺于 2008 年 6 月列入州级非物质文化遗产代表性项目名录。

067

藏、土族墙体夯造技艺

黄南州同仁地区传统藏、土族民居土墙主要用土和石夯筑，一般黄黏土夯筑的墙比较牢固，不易被侵蚀；红土夯筑的墙比较脆弱，容易被侵蚀。夯筑土墙的主要工具是架杆（四个即两副圆木杆）、墙板（两块即一副木模板）、轫挡（梯形挡土木架）、抽绳（牛皮绳或麻绳）、楔子（木头橛片）、杵子（木杆或石头做成的夯杵）。

藏、土族墙体夯造技艺流传于隆务河流域，由藏、土、汉、回族等同胞传承。传承人代表：完么才让、增太加等，以民间劳作的方式传承。墙体下厚上薄，收分明显；墙体高大不易填土时，还需用筑土台子或中间转运的办法将土弄到墙板槽中。每一堵墙筑成后再续打一堵墙，如此连接修成四周围墙。为了使墙体牢固不易被侵蚀，下部一般用石头砌筑，顶端用草泥抹平，而后放上砖瓦石片等材料。墙体夯造技艺充分体现了高原居民因地制宜、就地取材的特点。夯土墙厚重的墙体，可以阻挡高原地区的寒风与沙尘，具有蓄热性能良好的特点。在冬天白天获得的太阳能，会将热量储存在墙体中，到夜间通过释放热能提高室内温度，在炎热的夏季，墙体也能够吸收多余的热量，帮助维持室内凉爽的温度，同时还具有后期维护修缮方便、成本低廉等特点，这使其在当今的村落建设中仍被当地群众选择。同时，夯造土墙需村民之间互相帮助，可以促进交流，增进感情，营造互帮互助的村落文化。

藏土族墙体夯造技艺于2008年6月列入州级非物质文化遗产代表性项目名录。

068

宗教"法鼓"制作技艺

法鼓是藏传佛教的法器之一，主要用于日常诵经、佛教庆典、宗教节日、活佛坐床、开光仪式等宗教活动。法鼓有曲柄鼓、大鼓、铜鼓、腰鼓、嘎巴拉鼓等。曲柄鼓表面直径约1米，下面有一个手柄，鼓槌是弯曲的，像弓一样。在诵经期间，僧人将鼓柄握在左边，右手用曲柄槌敲击伴奏。

法鼓制作主要分为做鼓桶、鼓圈与装鼓耳，蒙皮与绷紧，装饰等步骤。鼓桶首先要根据设计尺寸切割出合适的木板，使用榫卯结构或胶合技术将木板拼接成圆柱形鼓桶，并确保其圆整度和稳定性。对鼓桶内外进行精细打磨，去除毛刺，保证表面光滑，并对其连接处进行严密处理，防止漏气而影响音质。用硬木或其他耐用材料制成环状鼓圈，固定在鼓桶两端，在鼓桶两侧对应位置嵌入或钉入鼓耳（又称鼓钉），用于悬挂鼓槌或固定鼓带，确保鼓体可以稳定悬挂或手持。再按照鼓桶尺寸裁剪出适当大小的皮面，将皮面用水湿润后均匀地蒙在已安装好鼓圈的一端，使皮面紧贴鼓桶。然后，使用鼓绳穿过鼓耳上的孔洞，逐渐拉紧并固定，使皮面绷紧至适宜的张力。最后在鼓桶外壁进行雕刻，图案多为佛教吉祥纹样、经文咒语或寺院名称等，以彰显宗教特色，随后进行彩绘，使用金、红、绿等颜色，使之庄严华美，又增添光泽，同时有助于防潮防腐。

宗教"法鼓"制作技艺于2008年6月列入州级非物质文化遗产代表性项目名录。

069
藏族造纸技艺

　　藏族造纸的主要原料是一种名为"狼毒"的植物，它属于瑞香科，常见于高海拔的地区。狼毒含有毒性成分，使制成的藏纸具有防虫、防腐的特性，非常适合在高原地区湿度较大的环境中使用，易于长期保存文献。

　　藏族造纸技艺主要在同仁地区流传，由藏族、土族、蒙古族传承。藏族造纸技艺主要有八个步骤：收集狼毒草茎干后，去除其表皮；将处理过的狼毒草切割或捣碎，使其成为易于加工的纤维材料；将纤维材料放入锅中蒸煮，以软化纤维并去除杂质；经过蒸煮的纤维在水中浸泡发酵，分离纤维并提高纸浆质量；将沤制后的纤维进行清洗，去除残留的杂质和多余物质；将洗净的纤维再次捣碎，使之成为均匀细腻的纸浆；对纸浆进行搅拌或打浆，确保纤维充分分散，使之具有良好的黏稠度和悬浮性；将纸浆均匀地倾倒在倾斜的纸帘上，通过晃动和挤压去除多余水分，形成纸张雏形，然后晾干成型。由此形成的纸张用于经书、禄马等宗教品的印刷，也用于年画、版画等美术创作。

　　藏族造纸技艺于 2008 年 6 月列入州级非物质文化遗产代表性项目名录。

070
唐卡颜料加工技艺

矿物颜料被证明是一种极有表现力与保存价值的颜料，颜色种类丰富多样，有朱砂、朱、丹、烟子、金青（石青）、白青、青岱、黄土（高岭土）、石膏、滑石、墨、胡麻油烟、菜种油烟等色。矿物色主要用于人物画，及各地寺庙、会馆内的壁画和年画中。由此，唐卡颜料加工技艺也应运而生。作为一项传统手工技艺，其能够为唐卡的绘制提供原料上的保证。

唐卡颜料加工技艺广泛流传于黄南州同仁地区及其他藏族聚集区，由汉族、藏族、土族等多个民族同胞传承。唐卡颜料加工技艺首先根据所需颜料种类采集相应的矿物、植物或动物原材料；矿物需经过初步粉碎、筛选后研磨成细粉，然后进行漂洗、沉淀、过滤，甚至还要经过高温煅烧以去除杂质、提高纯度。植物原料需晾晒、浸泡、发酵、提取色素。动物材料需

清洁、研磨，熬煮提取其颜色成分。各种提纯后的颜料颗粒需研磨至极细腻的状态，以保证在绘画时易于附着于画布上且颜色饱满。根据需要，还需添加胶质或其他辅助剂进行调和。最后根据唐卡绘制的需求，将各种颜料按比例混合，调制出丰富多样的色彩。调好的颜料需妥善密封储存，防止受潮变质。

唐卡颜料加工技艺于 2008 年 6 月列入州级非物质文化遗产代表性项目名录。

071
热贡唐卡用金技艺

　　热贡唐卡用金技艺是一门传统手工技艺，在 19 世纪后逐渐兴盛，彼时的唐卡艺术作品色彩鲜艳，笔法细腻，特别追求装饰趣味，同时大量用金，画面呈现出金碧辉煌的效果。

　　热贡唐卡用金技艺流传于黄南州的同仁地区，由藏族同胞以记录和培养人才的方式传承。勾金线对唐卡艺人的功底要求很高，在 11.11 平方厘米的画面上就绘有 2480 多笔笔画，金线主要用在八宝、八瑞相、七政宝、云、叶、花草上，在佛陀的衣服上还可以勾画出各种复杂的图案，如龙、凤等图案。画不同树种时，树叶形状也不一样，叶子层叠处、叶子背面用花青色绘出背阴部，叶面上用金线勾勒营造出阳光照射的感觉。作为一项民间技艺，热贡唐卡用金技艺满足了广大群众的精神需求，丰富了群众文化生活，为藏学及藏族艺术的研究提供了鲜活的资料，具有很高的历史文化价值。随着传统的技艺被市场经济不断冲击，粗制滥造的现象越来越多，为了保护这项技艺不失传，当地设立了传习中心，邀请专家开设培训班，让越来越多的年轻人接触、了解这种传统技艺并发扬、传承。热贡唐卡用金技艺作为一项传统的民俗技艺展现了藏族人对美好生活的期望。热贡唐卡用金技艺的历史悠久，它体现了藏族人的古老文化，在人类学、民族学、民俗艺术等各种领域具有重要价值。

　　热贡唐卡用金技艺于 2008 年 6 月列入州级非物质文化遗产代表性项目名录。

072
传统藏药加工技艺

传统藏药加工技艺是在藏医学理论基础上对有毒有害的物质进行加工的一项传统技艺。

传统藏药加工技艺流传于黄南地区的同仁市、尖扎县、泽库县、河南县，由藏族同胞传承。传承人代表：多杰当知、三旦、闹日，主要以师徒传承制传承。传统藏药加工技艺去毒工艺主要有三种：一是清除，用水洗、浸泡、火煅等多种方法清除掉原料中的有毒成分；二是中和，如果不能把药材中的毒物清除掉，就加入一些其他的药材来中和、化解毒性，直至无毒无副作用；三是闭毒，如果药材中的毒性既不能清除掉，又无法中和，就加入一些其他的药材将该药的毒性封闭住。传统的藏医药学历史悠久、资源丰富、方法简便、疗效确切，特别是矿植物藏药具有鲜明的民族性与地域性，有着广泛的群众基础和厚重的历史沉淀。传统藏药加工技艺（去毒）蕴含了藏民族特有的价值观念、思维方式、文化知识、诊疗方法和用药技术，具有完整性、高度文献化以及传播广泛的鲜明特征。传统藏药加工技艺作为辅助藏医药的技艺，对维护人们的健康有着重要作用。

传统藏药加工技艺于2008年6月列入州级非物质文化遗产代表性项目名录。

073

藏袍裁剪缝制技艺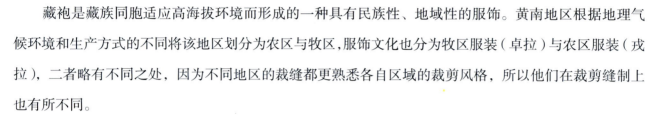

　　藏袍是藏族同胞适应高海拔环境而形成的一种具有民族性、地域性的服饰。黄南地区根据地理气候环境和生产方式的不同将该地区划分为农区与牧区，服饰文化也分为牧区服装（卓拉）与农区服装（戎拉），二者略有不同之处，因为不同地区的裁缝都更熟悉各自区域的裁剪风格，所以他们在裁剪缝制上也有所不同。

　　黄南地区藏袍裁剪缝制技艺传承人代表：洛藏加、才让当周等。藏袍多选用氆氇、毛呢、棉布等厚实保暖的面料，也有部分高档藏袍选用丝绸或织锦为面料。面料颜色以黑、白、红、蓝、绿等纯色为主，图案则以吉祥八宝、龙凤、莲花等传统纹样为主，藏袍的基本形态为直筒型，一般不设腰省，衣身从上至下基本保持一致宽度，便于穿着者根据气温变化调整穿衣方式。藏袍的袖子特别宽大，便于活动和保暖。领口、袖口、下摆等处常有精美的镶边或绲边装饰，藏袍的边缘处理是藏袍制作的技艺中最重要的技术，常见的有绲边和镶边工艺，即用不同颜色或材质的布料沿着衣边进行包边或拼接，既美观又加固了边缘，防止磨损。藏族先民在服饰文化发展过程中将社会身份、生活习俗、审美情趣以及种种文化观念融入了服饰中，服饰的面貌成了社会历史最直观、最写实的反映。几千年来各民族服饰相互交流影响，对藏族服饰的完善和进步具有积极的意义。服饰的历史也是一部生动的文明发展史，藏族先民在长久的历史进程中改进着藏族服饰的样式以便适应不同社会阶段人民群众的需要，在其传承和发展过程中，具有促进社会稳定、经济发展、文化交流与传承的功能。

　　藏袍裁剪缝制技艺于 2008 年 6 月列入州级非物质文化遗产代表性项目名录。

074
佛塔建造技艺

佛塔的种类多，形状各异。从塔的性质上分类，有佛塔、殊胜塔、肉身灵塔和舍利骨灰塔。从佛塔的建筑材料上可分为泥塔、石雕塔、土塔、木塔、砖塔、玉塔、铜塔、银塔、金塔。从塔的数量上分类，有独塔和群塔。排列成一字形的八座塔被称为"八如来塔"（分别为叠莲塔、菩提塔、和平塔、殊胜塔、涅槃塔、神变塔、神降塔、吉祥多门塔），它们代表了佛祖释迦牟尼一生中的八个重要的事迹。群塔还有108座，甚至更多座的。

佛塔建造技艺流传于黄南地区，由藏、土、汉族等同胞传承。灵塔是由佛祖释迦牟尼圆寂之后信徒供奉的舍利塔演变而来。灵塔体现了藏民族一种特殊的丧葬方式，大多数寺庙内都供奉有大小不等、性质不同的各式灵塔。灵塔上的天珠、钻石、玛瑙、松耳石、珊瑚、翡翠、琥珀等价值连城的珠宝，筑成了一个光彩熠熠，富丽堂皇的美妙佛界。

佛塔的社会功能：佛塔作为景观，不仅具有丰富的历史文化内涵，独特的建筑艺术魅力，还扮演着地理地标的角色，同时提供了一个连接物质世界与精神世界的桥梁，是多元价值交融的综合景观体。

佛塔建造技艺于2008年6月列入州级非物质文化遗产代表性项目名录。

075

水磨面粉加工技艺

水磨面粉加工技艺是中原农耕文明西进的产物。保安大河两岸的"保安四屯"曾修建过许多处水磨，因水流不同而分为平轮磨和立轮磨两种。明清时期的水磨，均由各屯官方出资修建，其所有权和管理权属官方所有，因此民间将水磨称之为"官磨"。

水磨面粉加工技艺流传于黄南州同仁地区隆务河两岸村镇。由藏、汉、土、回族同胞传承。保安官磨遗址位于城内村大河滩耕地。水磨面粉加工技艺就地取材，科学利用水资源，可以节省人力畜力，减轻劳动强度，提高人民的生活质量。传统的水磨面粉加工技艺主要由磨盘、磨轴、磨轮及锥形入料斗、撬棍、皮绳等附件组成。两个大磨盘上厚下薄，水磨驱动力的河水是上游引过来的，通过磨渠河的落差冲击，水轮带动石磨转动工作。在不易被洪水冲坏的地方，用夯土墙、河卵石建水磨坊。水磨既节约能源，又方便人民生活。水磨磨出的面粉易保存、口感好、无污染，保持了谷物原有的醇香。在近代机器磨坊出现之前，水磨是先进、省力、方便的磨制工具，它利用水能，节省了大量的人力和时间，对人类的农耕文明做出了巨大贡献。

水磨面粉加工技艺于 2008 年 6 月列入州级非物质文化遗产代表性项目名录。

076

藏族八十寿筵礼俗

藏族八十寿筵礼俗是藏族人民尊老、敬老、爱老传统美德的具体表现。仪式期间人们不仅会齐聚一堂载歌载舞，享用传统藏族美食，还会举行一些传统仪式，例如：磕头、献哈达、说祝寿词等。

藏族八十寿筵礼俗在藏民族聚居区都非常盛行，其中青海省黄南藏族自治州的藏族八十寿筵礼俗文化氛围较为浓厚，各县都是该非遗项目的分布区域，由藏族、汉族、蒙古族等同胞传承。藏族八十岁寿筵礼俗的群体传承人主要由德高望重、口才出众的长者构成。八十岁寿筵是最受藏族百姓重视的人生仪礼之一。一般情况下，孝子贤孙会在宴会开始前若干天规划并安排好相关事宜。传统宴席包括午饭和晚饭，主家会依据自身经济能力，提前发出邀请信息，宴请晚辈至亲或者所有村民。不同于其他庆典，八十岁寿筵是藏族人赡养父母的体现。参加八十寿筵礼俗的艺人以自己的祝福和歌声为老人祝寿，并带一条哈达赠送给老人。藏族八十寿筵礼俗，是藏族格言"太阳是幸福的明灯，老人是家中的支柱"在日常生活中的写照。藏族八十寿筵礼俗可以弘扬尊敬老人，赡养父母的传统美德，丰富民间文化生活。

藏族八十寿筵礼俗于 2008 年 6 月列入州级非物质文化遗产代表性项目名录。

077

藏族幼童剃头仪式

藏族幼童剃头仪式是一项民间习俗，是藏族人的一项传统人生礼仪，它与藏族人民的信仰文化有关。

藏族幼童剃头仪式由当地藏族、土族同胞传承。传承群体是隆务河周边的广大藏族同胞。热贡地区藏族家庭的幼儿，在三岁之前要一直蓄发，等孩子到三岁后，要在藏历新年的第三天为其举行剃头礼，剃去幼儿的胎发。剃头礼当日早晨，由爷爷或家里德高望重的男性亲属给幼儿剃头，在剃去幼儿头部四周的胎发后，要在后脑勺的中央位置留发并整理成圈状，再编成小辫，也有的家庭直接给孩子剃成光头。长辈一边剃头，一边要说"健康长寿，无病无灾"之类的吉祥语，祝福孩子未来能够茁壮成长、生活平顺。剃下的胎发不能随意丢弃，有的将其收集起来揉成一团装入香囊，用贝壳、铜铃等做装饰，挂在幼儿的衣服背上。有的人会把胎发理顺后，再加入几根纤细的彩绳合编成精致的小辫子，然后缝在幼儿的衣服上，用以护佑孩子健康。在正式举办剃头礼之前，主家会事先告知并宴请亲朋好友与街坊四邻。藏族幼童剃头仪式是热贡民众的悠久传统，此仪式可以让亲友乡邻团聚在一起，见证家族、村里新成员的人生开端礼，很好地联络了彼此之间的感情，增强了集体归属感与地方文化认同感。

藏族幼童剃头仪式于 2008 年 6 月列入州级非物质文化遗产代表性项目名录。

078
汉族婚俗

汉族婚礼是人生中最重要的礼仪之一，其意义在于获取周边的承认和祝福，帮助新婚夫妇适应新的社会角色，准备承担社会责任。汉族婚俗注重礼仪和庄重。它代表着两个个体相互的爱意和责任感，并向社会宣誓他们将以此为基础共度一生的承诺。这种庄严的仪式不仅给予新婚夫妇一种重要的身份认同，也是社会对他们婚姻的祝福和祈祷。同时，婚礼仪式也为亲朋好友们聚在一起共庆提供了机会，也是承载汉族传统儒家文化的重要场合。

黄南地区的汉族婚俗主要由汉族传承，这些汉族是来自其他地区的移民。汉族婚前程序有请媒人、走茶叶（提亲）、合婚（媒人介绍详细情况）、自愿、订婚、送节礼、送彩礼、备婚；婚中程序有添箱、启东、全东、娶亲、下酒帖、坐云斗、撒财、拜天地、盥洗、邀请娘家人、冠戴、抬针线、二襄床、乡亲恭喜、谢东、进厨房等；婚后程序有认门、坐头回娘家、看十天等。当地汉族婚礼过程中的敬酒程序与藏族敬酒习俗（敬天敬地）有着相似之处。婚礼过程中要先用手指沾头两杯或者一盘的酒向空中点三下，以示敬天、地、人，然后再双手各持一杯而饮。有些是在喝酒之前，将头两杯酒向盘子中稍微倒一点儿，以示敬天、地，然后再双手各持一杯而饮。这说明在民族融合地带产生了富有独特色彩的习俗。当地汉族婚俗的价值和意义：一、满足社会整合需要。在长期的发展交流中增强了民族间的交流与融合，有利于不同民族间加强交流，增强相互理解与融合。二、增进传统文化交流。通过体会丰富多彩的婚俗，不仅使本民族人了解了自己的文化习俗，还通过这些婚俗仪式宣扬了汉族文化传统，增强了民族文化交流与融合。三、极富娱乐性和趣味性。婚俗文化与饮食、社交、游戏等生活片段相结合，丰富了人们的物质与精神生活。

汉族婚俗于 2008 年 6 月列入州级非物质文化遗产代表性项目名录。

079

土族婚俗

婚俗是一个社会文化的重要体现。黄南藏族自治州的土族婚俗受藏族文化影响较多。

土族婚俗广泛流传于各土族聚居区，由土族同胞传承，至今已有上百年的历史。黄南地区土族婚俗的传承群体是黄南地区的广大土族同胞。在土族婚俗中，婚姻缔结前需由男方请一熟人带酒等礼品，到相中的女子家征询意向。女方父母若以礼相待并接受礼品，即表示同意考虑亲事，反之则拒收礼品。若女方首肯，则由男方和媒人带定亲礼到女方家，媒人做证，男女双方共同认定子女婚姻关系，商议彩礼。之后，男女两家择定成婚吉日，分别准备嫁娶事宜。除了订婚仪式，婚礼期间如何举办宴席和接待也各有讲究。土族婚俗的

一大特色是歌舞活动，这贯穿整个婚礼过程，无论是提亲、娶亲、送亲还是结婚后的谢宴，都有专门的歌曲和舞蹈来烘托气氛、表达情感、传递祝福。这种浓郁的艺术气息充分展现了土族人民能歌善舞的特点和对生活的热爱。

土族婚俗融合了古老的婚姻习俗、家族观念、社会交往方式以及独特的艺术表现形式，尽管随着时代的变迁，一些传统做法可能有所简化或更新，但其核心的歌舞元素、对家庭联姻的重视以及对新人未来生活的美好祝福，仍然在现代土族婚礼中得以传承和发扬。这些婚俗不仅是土族文化遗产的重要组成部分，也是研究土族社会历史、文化心理和民俗风情的重要窗口。

土族婚俗于 2008 年 6 月列入州级非物质文化遗产代表性项目名录。

080
藏族婚俗

藏族先民按照一定的婚姻规则组建家庭，聚族而居，并形成了一套相关的礼仪习俗。在藏族婚俗礼仪中，除一直保留着的择亲选偶、定亲迎娶、婚后习俗三大部分内容之外，还吸收了一些现代婚俗的礼仪。

藏族婚俗流传于黄南地区，由藏族、土族等民族同胞传承，在群众中广泛沿袭。藏族禁近亲结婚，有父系血缘关系的人无论相隔多少代一律不得婚配，有母系亲属关系的人原则上亦不得婚配，若婚配，至少应隔五代方可通婚，总之婚姻双方的血缘越远越好。婚礼包含歌舞表演、敬酒、献哈达等传统藏族婚礼的典型环节，同时也会根据时代变迁和社会进步融入新的元素和简化某些繁复程序。订婚仪式上，男方会给女方家人赠送哈达和礼物，女方则准备丰盛的茶酒饭菜款待男方。结婚当天的仪式包括敬茶、献礼、朗诵婚约、献哈达等环节，还有祭神、唱哭嫁歌、出路歌、父母教诫、赞颂土地、赞颂房屋、茶说、酒说、宴说、系腰带、衣服说、祝福嘱托、说吉祥词的传统的仪式，婚礼最后还要答谢前来帮忙的亲友。

藏族婚俗既保留了古老的传统元素，如宗教仪式、特定的嫁妆和婚礼程序，又适应了现代社会的发展，接纳了自由恋爱和婚姻的理念。这些习俗既体现了藏族人民对传统文化的尊重与传承，也展示了他们在时代变迁中对婚姻观念和实践的创新与适应。无论是传统的包办婚姻还是现代的自由恋爱，藏族婚俗都充满了浓厚的民族色彩和深深的情感寄托，是藏族文化不可或缺的重要习俗。

藏族婚俗于 2008 年 6 月列入州级非物质文化遗产代表性项目名录。

081
回族婚俗

回族婚俗是独属于回族的民俗文化，在多民族地区，回族婚俗有着多民族融合的特性。

回族婚俗在黄南地区有着悠久的传承历史，由回族同胞传承。在婚俗中，准备订婚仪式被俗称为"下定茶"。男方送女方茯茶、肉方、衣料和胭脂花儿、红绿头绳等物品；女方则回敬以鞋、绣花袜子等物品，还会回赠干果（核桃枣儿）一盘、湿果（将蕨麻、杏仁、核桃仁等煮熟染色，拌以果脯、冰糖渣、蜂蜜）两盒，回赠的苹果叫"倒果子茶"，女方回赠物品表示这门亲事已定。订婚以后，双方协商具体日期送彩礼，俗称"送礼"。婚礼当天所用到的物品都有着当地各民族的民俗特色，该地区的婚俗变迁史亦是传承脉络延续史。

回族婚俗首先由男方家请人向女方家提亲，通常是通过媒人或德高望重的长辈传达婚事意向。若女方家同意，男方需携带礼物到女方家正式定亲，双方家庭进一步了解对方家庭的情况和品行。男方家按照约定交付聘金、聘礼，作为对女方家的尊重和承诺。婚礼当天，男方家组织迎亲队伍前往女方家接新娘。新娘在亲友陪同下，由男性亲属护送至男方家。新娘到男方家后，由阿訇主持，举行"尼卡哈"（婚姻契约）仪式，念诵《古兰经》有关婚姻的章节，询问双方是否自愿结婚，并在证人见证下签字确认婚姻关系。在新房内外撒糖果、红枣、核桃等吉祥物品，寓意甜蜜、早生贵子和幸福美满。

婚礼当晚，亲友会聚集在新房，通过各种游戏和活动热闹庆祝，为新人营造欢乐氛围。新娘会展示自己的针线活儿，如刺绣、缝纫等。婚后数日内，新婚夫妇要一同回女方家探望，这被称为"回门"，标志着新娘正式成为两个家庭的成员。

回族婚俗于2008年6月列入州级非物质文化遗产代表性项目名录。

082

藏族殡葬习俗
（天葬、火葬、水葬）

藏族人的传统观念中认为世界是由水、火、土、风四种元素构成，人死之后肉体需要回归到自然界，因此藏族传统丧礼中的遗体处理方式，也一一对应水、火、土、风四大元素，并分为水葬、火葬、土葬、天葬四大形式。

藏族殡葬习俗（天葬、火葬、水葬）广泛分布于整个青藏高原地区，由藏族、蒙古族等传承。一般而言，人死后会停灵三天，这期间会请僧人或咒师来举行占卜念经仪式。天葬，藏语称为"恰多尔"，意为"喂鸟"（鸟指鹰鹫）。火葬成本较高，在停灵期间，僧人占卜出逝者适用于火葬后，须提前一到两天委托村中的男性去野外选址搭建火葬炉、准备火化时所要用到的材料。水葬仪式也由僧人占卜安排，在送殡前用已经准备好的白色裹尸布捆绑遗体，再将小麦及石头捆绑在遗体上，以便让遗体沉入水中。藏族殡葬习俗可以反映藏族人面对生命以及死亡的观念和态度。藏族殡葬习俗有多种价值：一、文化历史研究价值。藏族殡葬习俗种类多样、内容丰富，是经过长期历史沉淀的产物。藏族殡葬习俗建立在藏族传统生命观念的基础之上，因此藏族殡葬习俗可以为藏文化的研究提供不同的研究视角。二、心理慰藉价值。藏族殡葬习俗是藏族人民纪念至亲的独特方式。为离世的亲人虔诚地完成殡葬习俗的每一环节会给人们带来非常大的情感安慰，因此藏族殡葬习俗具有非常大的心理慰藉价值。

藏族殡葬习俗（天葬、火葬、水葬）于 2008 年 6 月列入州级非物质文化遗产代表性项目名录。

083
藏、土族念"活经"习俗

藏、土族念"活经"习俗历史悠久，是一项藏民族聚居区非常常见的宗教文化活动，是藏、土族同胞为了使家里的老人健康长寿，请僧人来念"活经"进行祈愿的活动。

念"活经"习俗以群体传承为主，其中青海省黄南藏族自治州的念"活经"习俗文化氛围较为浓厚。它的整个过程如下：开始仪式之前，首先要为念经的僧人准备好供养，再邀请当地寺院的僧人到家里念一至两天的佛经；村民们要聚集在一起，在早、中、晚饭过后一起唱诵六字真言。部分村民会主动报名为念"活经"对象进行为期两天的斋戒。当天主家会请全村人吃饭，经济条件好的人家会为寺院中的僧众供三餐，这也是家属为念"活经"对象积德的一种表现形式。藏、土族念"活

经"习俗的多种价值：一、心理慰藉价值。藏、土族念"活经"习俗是藏、土族同胞祈祷至亲健康长寿的独特方式。念"活经"仪式能为家属带来巨大的安慰，能够满足人们的心理需要，使他们获得信心、希望和安全感。二、文化历史研究价值。藏、土族念"活经"习俗是藏、土族同胞面对生命的态度。把宗教仪轨作为研究对象，可以进一步了解少数民族文化，也可以为民俗学、民族学等学科提供更多的研究视角。

藏、土族念"活经"习俗于 2008 年 6 月列入州级非物质文化遗产代表性项目名录。

084
热贡土族服饰

热贡土族服饰主要以毡、皮、褐布为原料。目前长袍讲究以织锦缎做面，穿戴者要佩戴珊瑚项链、护身符等物品。

热贡土族服饰流传于黄南地区，由土族同胞传承，以群体传承为主，众多群众掌握这门技艺并接受其代表的服饰文化。男子身着似藏袍的长袍，腰束彩色绸带，头戴毡帽、礼帽、狐皮帽以及红缨帽等，领口、袖口、襟边及摆边镶皮。妇女长袍右衽长及膝下，左右两侧开衩，圆形翻领宽五六寸，领边、襟边均做修饰，袖口处或缀以羊羔皮，或缀以与长袍色彩对比明显的蓝色系彩缎做宽边，形似袖筒，腰系彩色绸带。由于长袍开衩，走起路来袍襟摆动，需要在内穿长裤。裤筒膝下要缀上"帖弯"，"帖弯"的颜色是区别已婚和未婚妇女的标志，红色是未婚少女的标志。热贡土族地区因为特殊的历史、地理原因，在经历了多次的改朝换代和人口迁移之后，呈现出特殊的人文环境，这种特殊性突出地表现在当地民众的宗教信仰观念中，他们以藏传佛教为主要的信仰对象，但在群体信仰中又不乏历史所残留的其他信仰痕迹。多样的宗教信仰在土族民众的社会生活中起着不同的社会作用，热贡的土族服饰也受到这些因素的影响，形成了独特的风格。土族服饰是研究土族历史、价值观念、审美心理、宗教信仰等非常直观且重要的资料，把当地民族服饰作为研究对象，进一步探讨少数民族文化，是近年来民俗学、民族学等学科的重要手段之一。

热贡土族服饰于 2008 年 6 月列入州级非物质文化遗产代表性项目名录。

085
热贡藏族服饰

热贡藏族服饰，藏语称其为"荣拉"（农区藏族服饰），相较于其他地区的藏族服饰，黄南地区藏族服饰风格简洁、素雅。男女服饰样式差异较大，不同性别对服装的需求也有所不同。

热贡藏族服饰流传于热贡地区，由黄南州同仁地区藏族、土族同胞传承。当地裁缝有"女装似法铃，男装似波鼓"的设计、缝制要求。女性服饰讲求腰部微曲线之美，腰部需像"法铃"一般微微内收，服装的下摆较宽，方便行动。同时，以圆领、袖短为主要特点，服饰颜色以黑色、墨绿、咖啡色为主，并以红色、绿色腰带作配。而男性服饰则要像"波鼓"一般，腰肥身长，系带时下摆较长。这样的设计适应了劳作需求，形成了藏族传统服饰别具一格的特点，具有保暖、防护、作饰等功能。藏族服饰文化在长期的发展过程中有了创新的升级，通过销售渠道的扩展，藏族服饰开拓了新的市场，带动了当地经济的发展。热贡藏族服饰制作技艺是藏族服饰文化的重要组成部分，具有丰富的文化内涵，热贡藏族服饰将藏族同胞的社会身份、生活习俗、审美情趣以及种种文化观念融入其中，是社会历史风貌最直观、最写实的反映。同时，服饰的历史也是一部生动的文明发展史，藏族先民在长久的历史进程中改进着藏族服饰的样式以适应不同社会阶段人民群众的需求，在其传承和发展的过程中，具有促进社会稳定、经济发展、文化交流与传承的功能。

热贡藏族服饰于 2008 年 6 月列入州级非物质文化遗产代表性项目名录。

086
保安传统婚宴
"八碗八锅子"

保安传统婚宴"八碗八锅席"（俗称，八碗八碟一锅子）。"八碗八锅子"是根据历史上保安堡军营人口繁杂的特点而形成的一种独特食宴，"八碗八碟子，一壶酩馏一锅子"的宴席就此产生。此后几经补充完善，逐渐成了一个具有文化内涵的本地菜系。

保安传统婚宴"八碗八锅子"流传于黄南州同仁地区，由保安镇汉族同胞传承。相传明万历十八年，明军收复了保安失地，"屯首"王廷仪专程从河州请了几位大厨为官兵赶制了流水犒劳席，此后此席一直流传至今。传统保安婚宴，迎贵客至堂屋门前，先饮六杯进门酒。然后迎接贵客至堂屋炕头，众人合围一炕桌而坐。将花生、瓜子、糖果、核桃、蜜枣、葡萄、冰糖、糖瓜等摆上桌，再添一碗放有红枣的奶茶。菜品主要有红炖、白炖、丸子、蛋卷、羊筋、牛肉、羊肉、猪肘、扣碗等。待酒过三巡，菜过五味，划拳行令，热闹异常。作为压轴的"锅子"最后上场。待宴席结束，所有贵客饮完六杯出门酒，整个宴席才算圆满。保安传统婚宴"八碗八锅子"烹制技艺是同仁地区各族群众和睦相处、相互学习、团结进步、共同发展的历史见证，其充分体现了同仁地区民族餐饮文化的发展历史及社会活动历史。保安传统"八碗八锅子"技艺具有极高的饮食文化价值、历史文化价值、社会实用价值和餐饮商业价值。

保安传统婚宴"八碗八锅子"于 2008 年 6 月列入州级非物质文化遗产代表性项目名录。

087

尖扎传统射箭

黄南地区射箭活动较为普遍，尤以尖扎县最为活跃。据当地藏族民间传说，尖扎的射箭习俗源于公元9世纪中叶。尖扎等地曾是唐蕃反复争夺的前沿阵地，双方曾在这里上演过无数次挥戈射箭的悲壮博弈。吐蕃王朝灭亡后，所属该地的将士由军转民，成为繁衍于此的尖扎藏族先民，而射箭武艺作为征战将士的必备技能，也被其后代子孙继承下来，在民间广为流传，并渗透到当地藏族文化和生活的方方面面。

尖扎的射箭活动，一般由祭祀诸神、预习射箭、箭技比赛以及达顿宴会组成，其中最主要的是箭技比赛和达顿宴会。射箭比赛往往历时数日甚至十数日，集中在比赛靶场进行。比赛分组由参赛单位及参赛人员临时决定，分为集体、个人两项，分别进行，也有以骑射、立射两类分项进行的。比赛结束后，东道主一方箭手将比赛场上结识的"戈雅"（即

对手）请到自己家中，殷勤招待，互致祝福。最后还要按照村里的统一安排，在全村活动中心——嘛呢康，集中邀请对方箭手，举行隆重而热闹的达顿宴。

尖扎传统射箭于2008年6月列入州级非物质文化遗产代表性项目名录。

088
河南县那达慕赛马

　　"那达慕"为蒙古语，为娱乐、游戏之意，它是蒙古族人民的传统节日。据考证，"那达慕"由祭敖包等群体性活动演化而来，节日时往往举办贸易物资交流活动，并举行赛马、赛牛、摔跤、拔河、射击、举重等民间体育竞技表演，节日活动的重头戏是赛马。

　　赛马采用分组淘汰、择优决赛制，分组办法是参赛马匹混合编组，预赛分组的多少视参赛马匹的多少而定。赛马骑手多为身轻体健、英俊善骑的男性少年。参赛马匹一般不备鞍辔，以减轻负重，参赛马匹由骑手加以精心修饰，马匹束鬃绾尾，通体梳刷，马首佩花；骑手身着华服，腰系彩带，执鞭挽辔，蓄势待发。比赛号令枪一响，众骑手放辔倾身，迅急策马，扬鞭催驰，直冲终点。比赛结束后，宣布名次，给获得前3名的骑手披红、给马匹戴花。赛马活动除速度赛外，还有"拾红"、技巧等表演式竞赛。"拾红赛"，先在赛马道上不等距放置各色绸带若干条，参赛骑手逐个在驰马经过时俯身拾取，拾得最多者为胜。技巧赛属表演赛，表演技巧有倒立、站立、换马乘骑、左右跃骑、侧骑藏身（俗称镫里藏身）等，技巧赛是一种充分表演精湛骑术的比赛，以骑技娴熟、形式多样、表演无误者为优胜。

　　河南县那达慕赛马于2008年6月列入州级非物质文化遗产代表性项目名录。

089

藏族赛牦牛

藏族赛牦牛是一项将民间传统体育与竞技相结合的娱乐活动，由经验丰富的牧民驾驭矫健的牦牛进行赛跑比赛。赛牦牛的过程中无复杂的技巧表演，通常只以赛牛奔跑的快慢决定胜负，参赛的牦牛也无定数，少则三五头，多的可达四五十头。其赛程一般为 100 米至 200 米。

藏族赛牦牛流传于西藏、康巴、安多等地，黄南地区多流传于泽库、河南等牧业区，由藏族传承。其作为一项大众体育竞技活动，为当地大众广泛掌握。参赛者对这项比赛极为重视。赛牦牛如赛马一样，获胜者不仅会受到观众的热烈祝贺和尊敬，往往还会被视为英雄，他们不仅给自己带来了莫大荣誉，还被当作整个部落的光荣。每当赛牛之日，男女老少身着漂亮的民族服装集中在赛牛场上，群情激动地等待着大赛的开始。赛牦牛前按照传统要举行迎接赛牛仪式，大家在家庭佛堂、堂屋供桌上或帐篷里祈求赛牛者赢得顺利，这也象征在新的一年里畜牧业将获得大丰收。赛牦牛与藏族人民的生存条件和思想文化有着密切关系，其带有鲜明的民族特征和民族风格，造就了藏民族忠厚、朴实和善良的性格特征，体现着藏民族的集体审美特征。赛牦牛文化活动深入了解广大群众的精神需求，以群众基础作为出发点，满足了群众的精神需求和文化需求。藏族赛牦牛在人类学、民族学、民俗学等各领域具有重要价值。

藏族赛牦牛于 2008 年 6 月列入州级非物质文化遗产代表性项目名录。

090
藏式举重比赛（抱沙袋）

　　藏式举重比赛（抱沙袋）是一项具有广泛群众性和娱乐性的传统民俗文化活动。这种活动与历史上蒙古族、藏族等游牧民族逐水草而居，时常举家搬迁，以牛马驮载的生活方式有关。当牧民举家搬迁或外出驮运时，常用牛皮袋或毛织袋盛装东西，牧人负重抬起装满东西的口袋驮于牛背，一头牛载重可达百公斤。牧民自少年时就时常从事这种劳作，快捷地捆驮是每个年轻牧人必备的本领。

　　藏式举重比赛（抱沙袋）流传在黄南州河南蒙古族自治县，将近有700多年的历史。由蒙古族、藏族同胞传承。传承人代表：次成尼玛，以记录与举办活动的方式进行传承。沙袋活动不受场地条件限制，人们可随地乘兴而举。活动时对手之间举装有沙子并用皮绳拴捆结实的麻袋，先慢慢将其抬至腰间，再用力举到肩上并稳走几步为成功。除"那达慕""草原盛会"中必有举沙袋项目外，有时还直接组织举沙袋大型比赛。在比赛中，将参赛者按体重分成若干级别，沙袋也分成不同重量的几种，同级别以能举起最重的沙袋为胜。力大者可举起90公斤重的沙袋。这项传统民俗文化活动一直传承到了现在。藏式举重比赛（抱沙袋）活动是融合了多姿多彩的民族杂技、服装、蒙古族舞蹈、蒙古族歌剧、蒙古民族的风土人情的文化盛会，它展示了草原人民勤劳勇敢、豪爽热情的性格。

　　藏式举重比赛（抱沙袋）于2007年11月列入县级非物质文化遗产代表性项目名录；2008年6月列入州级非物质文化遗产代表性项目名录。

091

蒙古族"拉八牛"比赛

　　"拉八牛"是颇具民族特色的一项民间体育活动，它属于两人角力项目。在赛前先将两副绸带或腰带扣连，两端各结死套，套于赛者脖颈，两人背向屈身爬地，开赛令发后，双方手脚并用，奋力向前拉使对方后退，如对方力穷倒地即比赛结束。

　　蒙古族"拉八牛"比赛流传于黄南州河南蒙古族自治县，有700多年的历史，由蒙古族、藏族传承。传承人代表：次成尼玛等，以举办活动的方式进行传承。蒙古族"拉八牛"比赛具有广泛群众性和娱乐性，反映了蒙古族的价值观和审美观。河南蒙古族地区的"拉八牛"活动有广泛的群众基础，深受人们欢迎，已成为群众体育运动会的竞赛项目。它历来不是单一的体育项目，而是草原文化、经济和信息的盛会。蒙古族"拉八牛"比赛对于发掘、抢救和保护"那达慕"有着重要价值。同时，作为蒙古族的民族民间活动，具有一定的历史文化研究价值，能够帮助人们更加具体地感受当地的文化。

　　蒙古族"拉八牛"比赛于2008年3月列入县级非物质文化遗产代表性项目名录；2008年6月列入州级非物质文化遗产代表性项目名录。

092
热贡僧侣棋艺

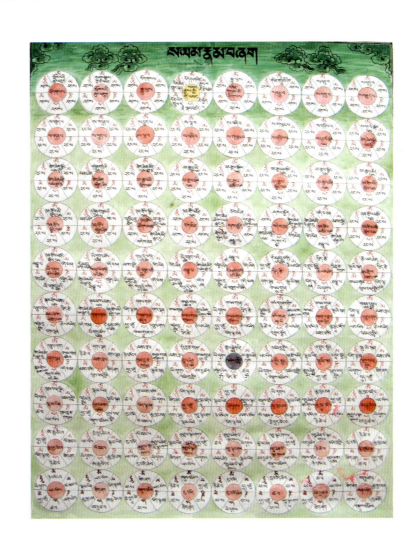

藏棋是独具特色的一项民间传统游戏活动。据史料记载，藏棋最初是用烧焦的木炭在石板上或用尖石子在地上画成形状特殊的格作为棋盘，小石子为棋子。藏棋棋盘格式及下法和形式有所不同，并由此产生了诸多棋法棋艺。其中就有热贡僧侣棋艺，它是僧侣们修行之余开发智力，帮助悟道的辅助娱乐方式。

热贡僧侣棋艺流传于黄南州同仁地区。其价值体现在：一、从棋道中可以悟出诸多人世间乃至自然的法则，帮助人们增长智慧；二、藏棋对弈千变万化，魅力无穷，其中包含形象思维、逻辑思维和创造性的规律意识，能最大限度地开发大脑，增强计算力和想象力，提升人们对自然、社会、未来世界的理解认知，具有开发智力、启迪思维、增强记忆的功能；三、藏棋作为一种艺术文化，能塑造棋手良好的精神和品格；四、藏族传统棋艺流传广泛，增添了人们的生活乐趣。

热贡僧侣棋艺于 2008 年 6 月列入州级非物质文化遗产代表性项目名录。

093
藏医诊断方法（尿诊）

　　藏医诊断方法（尿诊）是指通过尿液对人身体状况进行诊断的医学方法。尿液均可通过"三时九诊法"来判断，"三时九诊法"的"三时"是热时、温时、凉时，"九诊法"则是要分别观察尿液的颜色、蒸汽、气味、泡沫、沉淀物、浮皮、变化时间、变化情况、搅后回旋。

　　藏医诊断方法（尿诊）主要流传于黄南地区的同仁市、尖扎县、泽库县、河南县，由藏族同胞传承。传承谱系依次为：拉卜楞寺拉阔仁波切、叶尔雄堪布仓、阿克沃赛尖措、阿克阿旺桑布、罗桑旦巴。《月王药诊》对尿诊和脉诊作了专章论述，记载了尿诊的起源早于脉诊。此后在公元8世纪下半叶创作的藏医典籍《四部医典》中更完善了藏医诊断学，记录了正常尿液及非正常尿液的区别和非正常尿液的具体分析以及检查方法等内容。尿诊是藏医望诊中的重要内容之一，也是藏医学奥妙所在之处，在诊断方法中堪称独树一帜。它既能直接判断疾病，又能直接指导临床用药，也能做到在病人到不了医院或医生跟前的情况下，通过送来的尿液来判断疾病。因此，尿诊是藏医诊断中简便、易行、有效、必不可少的诊断方式。它是藏族先民几千年智慧的结晶，它的存在和发展体现了其具有很强的生命力，反映出藏族人民的聪明才智以及藏医的博大精深，也为藏医药的发展和人们的幸福健康作出了巨大的贡献。因此值得对其进行研究和传承，并使其在社会中发挥应有的作用。

　　藏医诊断方法（尿诊）于2008年6月列入州级非物质文化遗产代表性项目名录。

094
藏医正骨疗法

正骨疗法是人体关节脱位后进行复位所用的专业手法。正骨疗法，为规范化的徒手操作，使脱位的关节复位，绝大多数的新鲜脱位都可用正骨疗法治疗。专业医师复位时手法讲究稳、准，用力恰当。以"子求母"是复位原则，即复位时移动远断端（子骨）去凑合近断端（母骨）。常用复位手法有八种。

正骨疗法流传于黄南地区同仁市、尖扎县、泽库县、河南县，由藏族、土族、回族、汉族等民族同胞传承。传承人代表有娘尕日、贡太巴等人，以家族秘传的形式传承。藏医正骨技法不吃药、不打针，徒手使骨关节脱节复位，得到了广大群众的认可。正骨疗法是一门历史悠久、独具特色、疗效显著的秘传技艺，是藏族人民在复杂的自然环境中与各种疾病长期斗争所形成的民间医疗手段，是中国医学宝库中的重要组成部分。它给人们的劳动、生活提供了救援和保障，为社会发展和人们的健康作出了巨大的贡献，值得对其进行研究和传承，使其在社会中继续发挥应有的作用，并推广到现代医疗体系中。

藏医正骨疗法于 2008 年 6 月列入州级非物质文化遗产代表性项目名录。

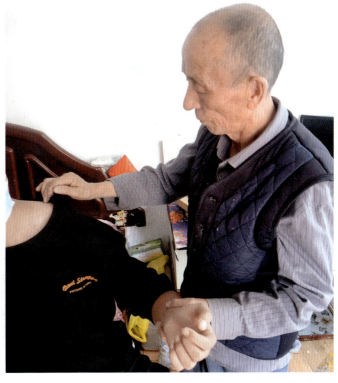

095

藏医药浴

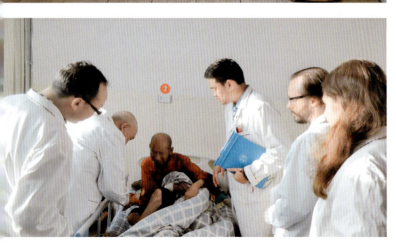

　　藏医药浴,藏语称"泷沐",是藏族人民以土、水、火、风、空"五源"生命观和隆、赤巴、培根"三因"健康观及疾病观为指导,通过沐浴天然温泉或药物煮熬的药水进行医治。

　　藏医药浴流传于黄南地区的同仁市、尖扎县、泽库县、河南县,由藏族同胞传承。传承人代表:杨忠先、吉先才让。藏医药浴将人体全身或腿足局部浸泡于藏药液中,在水的热能和药物的药力作用下,打开人体的毛孔、打通经络,药物的有效成分通过毛孔渗透进身体,被毛细血管吸收,迅速直达病灶,起效快。它是民众通过沐浴防病、疗疾而得到的民间经验,也是以《四部医典》为代表的传统藏医理论在当代健康实践中的继承和发展。药水或蒸汽可以调节身心平衡,它是实现生命健康和疾病防治的传统实践。它是藏族先民几千年智慧的结晶,它的存在和发展具有很强的生命力,充分反映出藏族人民的聪明才智以及藏医的博大精深。藏医药浴为藏医药的发展和人们的健康作出了巨大的贡献,因此值得对其进行研究和传承,并使其在社会中发挥应有的作用。

　　藏医药浴于2008年6月列入州级非物质文化遗产代表性项目名录。

096

藏族物候气象预(推)测法

藏族物候气象预(推)测法源于藏族天文历算学,其内容极其丰富,是藏族传统文化的重要组成部分。它用以提供雨、雪、风、霜、雹灾等方面的天气预报,以指导生产。

藏族物候气象预(推)测法流传于黄南等地区,由当地藏族、土族同胞传承。传承人代表:久美俄赛,以"师带徒"和记录的方式传承。藏族先民发明了许多气象预测方法:如通过观察植物、动物、河水、星体、冰床、云的颜色和形状、风的方向等来判断气象变化;通过对狐日、鸟日、正日、觜日、两至日、室壁日、白胶日等期间天气状况的观察和分析,结合狮座图、乌龟图以及五星运动值等以预测天气状况及有无自然灾害。又根据野鸭、杜鹃鸟、戴胜鸟、大雁、乌鸦、燕子等候鸟的季节性活动时间来安排各地的早、中、晚播等农事事宜。这些方法至今仍然广泛使用于农牧区,对生活起指导作用。随着气象科学运用的普及,四季变化和天气预测凭科学仪器测量,但是在通信设施不完善的地方无法接收到最新的天气预报信息,因此藏族物候气象预(推)测法在一些偏远地区可以起到相当大的作用,给人们的生产和生活起指导作用。藏族物候气象预(推)测法有利于制作当地的物候历,便于安排劳作时间。藏族物候气象预(推)测法作为藏族固有的本土天文历法和藏族传统天文历算的基础,对研究先民的智慧有一定的历史参考价值。

藏族物候气象预(推)测法于2008年6月列入州级非物质文化遗产代表性项目名录。

097
藏族风水推测法

藏族风水推测法，即藏族堪舆学，是指古代藏族选择居住地的一种学问，在选择上至宫殿、城镇、寺院、庙宇、修行地、佛塔及拉则，下至百姓的房屋以及墓地等修建选址时使用的方法及其原则。藏族先民称风水推测法为"萨些"，是苯教泛神论、印度佛教文化和中原风水文化相互交融的产物，也是世居高原的藏族先民们在严酷的自然环境中实践的产物。它是通过对环境与地景进行勘察和研究，用象征和比喻的手法来体会和了解环境的面貌，选出具有良好生态和美感的地理环境，从而逐步形成的具有高原特色的人与环境和谐共处的一种地方性知识。

藏族风水推测法主要流传于黄南地区同仁市、尖扎县、泽库县、河南蒙古族自治县，由藏族同胞传承。传承人代表：更登扎西。村庄的选址主要是根据自然地理环境来定的，其基本原则是"左右环抱山势，负阴抱阳、坐北朝南"。综合平衡山、水、风、人、林、景等多种环境要素之间的相互关系，选取物质交流可能性最大、对人类多种行为适宜性较强的位置进行建设，在解决高原土地总量充足而宜居土地相对不足的矛盾下，形成了以寺庙为聚落核心的聚居格局和依山傍水的居住形态。传承人在基层中进行风水推测，满足了人民群众的生活需求。它在长期的生产生活实践中积累形成，具有独特的地域文化风格和文化研究价值，使得人与建筑、自然环境相融合。

藏族风水推测法于2008年6月列入州级非物质文化遗产代表性项目名录。

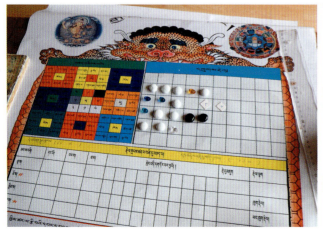

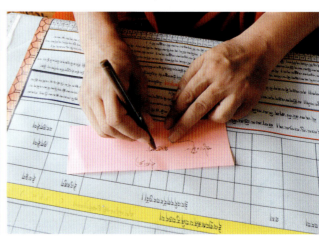

098

黄南民间占卜术

黄南民间占卜术一般由苯教咒师或僧人使用，用以预测事物的发生演变。占卜术常以使用的占卜工具来命名。例如，用牛毛绳作占卜叫"线卜"；用先民在战争或狩猎时所使用的箭作占卜叫"箭卜"；用牛羊的肩胛骨作占卜叫"骨卜"；以苯教法器之一的单面小鼓作占卜叫"鼓卜"；用娱乐品骰子作占卜叫"骰子卜"等。

黄南民间占卜术广泛分布于黄南地区的各县，由藏族、汉族、蒙古族、土族等多个民族的同胞传承。主要以父传子的方式传承。黄南民间占卜术是藏族占卜文化的重要组成部分，种类繁多、形式较为完备。其中，骨占卜术是一项历史悠久且独具特色的黄南民间占卜术，用这种方式占卜时要将剔净肉的羊肩胛骨放入火中，根据胛骨裂纹的长短、曲

直、深浅、走向、态势，以及响声的清浊、高低等因素来占卜吉凶。黄南民间占卜术拥有多种价值：一、文化历史研究价值。黄南民间占卜术文化作为一种重要的社会历史文化现象，被较多相关的古籍文献记载，具有较强的历史、现实及理论等方面的研究价值。二、传承与收藏价值。黄南民间占卜术涉及的占卜仪式及卜具都是经过漫长的历史沉淀而形成的，是具有深厚历史文化积淀的产物。三、宗教价值。黄南骨占卜术是一种比较原始的占卜方法，在藏地这一占卜法由苯教巫师或僧人使用，因此黄南骨占卜术的存在增强了藏族地区宗教文化内容的丰富度。

黄南民间占卜术于2008年6月列入州级非物质文化遗产代表性项目名录。

099
热贡瓜什则藏式点心

热贡瓜什则藏式点心，藏语称"馨"。其主要原料有蕨麻、酥油、曲拉（奶渣）、面粉、白砂糖、红枣、彩球糖。其中蕨麻又称人参果，为蔷薇科植物蕨麻的根茎，多年生草本植物，生长在海拔高的地方。热贡瓜什则藏式点心营养丰富、味美香甜，从古至今在逢年过节和喜庆的日子，藏族人家总会制作藏式点心来招待宾朋。

热贡瓜什则藏式点心流传于黄南州同仁市瓜什则乡，由藏族同胞传承。传承人代表：卓玛吉、加克吉，主要以民间传授、民众参与的形式传承。藏式点心制作方法：洗净晒干的蕨麻，放入锅中炒熟，在小石磨上磨成粉。奶渣用筛筛选出细奶渣，加白糖，与蕨麻粉混合拌匀，装在盆或碗中，浇入融化的酥油，红枣去核摆在面上，冷却成形，即成点心，取出即可用刀切削吃。蕨麻和酥油中含有大量的维生素、淀粉、蛋白质、脂肪、无机盐，及镁、锌、钾、钙等元素，二者的完美组合，致使"馨"具有了健胃补脾、生津止渴、益气补血的功能，能补充人体多方面的需要，常食之，有延年益寿的功效。其制作简单，携带方便，既是喜庆节日的食物，又是馈赠亲友的佳品。这一技艺展示了民间传统烹饪的丰富多样性，为考察和研究民间饮食提供了鲜活资料；藏式点心相关的制作方法，对认识和了解当地村民的饮食习俗、文化心理及古老藏民族的生活有着实际的参考价值和意义。

热贡瓜什则藏式点心于2013年5月列入州级非物质文化遗产代表性项目名录。

100
热贡胡麻草编织技艺

黄南州同仁、尖扎等地区广泛种植榨油农作物——胡麻。胡麻杆茎韧劲较好，热贡地区务农藏族同胞智慧地利用胡麻的这一特征，把胡麻草运用到编织技艺中，形成编织业中极为罕见的胡麻草编织技艺。

热贡胡麻草编织技艺流传于同仁地区，由当地藏族、土族同胞传承。传承人代表：桑杰卓玛、周毛太、多杰才旦，以记录和培养人才的方式传承。经过近千年的传承，这里逐步形成了具有地方特色的胡麻草编织行业。有些村庄较多地保留了传统胡麻草编织技艺，它从设计上将藏汉文化融为一体，构思巧妙，风格独特。热贡胡麻草编织品跟安多藏毯纺织品有点相似，都是从古至今在藏族人日常生活中比较常用的用品。胡麻草编织业是一个劳动密集型产业，播种收割、打杂、泡水等工艺流程都需要大量的人力参与其中。胡麻编织毯不仅是精美的工艺品，同时也是藏民族非常实用的一种生活用品，它从天然原材料的选择到织造工艺的实施，到最终的成品，都采用天然绿色产品，具有天然环保的品质，适应了人们健康生活的需要，备受人们的喜爱。

热贡胡麻草编织技艺于2013年5月列入州级非物质文化遗产代表性项目名录。

101

河南县
"苏和泽"制作技艺

　　河南县"苏和泽"制作技艺是黄南州河南县蒙古族人民在生产生活中使用羊皮制成传统服饰的手工技艺，形式上分为男式和女式。河南县"苏和泽"服饰的领子和襟边都镶有纹饰锦缎，领子和衣边做得是否精致和讲究决定着服饰是否精致美观。女式长袄的下摆、领口和袖口，均以哑黑、大红、天蓝、金黄等颜色为主，以色条绒、平绒、呢绒、锦缎或羔皮等材料镶边。男式长袄下摆镶饰黑色条绒、平绒或呢绒，另用鹿皮或黄羊皮（脱毛）绲边成缏，领口、袖口多以锦缎、呢绒镶饰，领面镶以兽皮则更为华贵。

　　河南县"苏和泽"制作技艺流传在河南蒙古族自治县。传承人代表有公保措、公保扎西、丹子昂旦等。"苏和泽"制作技艺制造的服饰品种多样，蕴含深刻文化，已有800多年的传承历史。该服饰制作技艺过程分为三大过程：第一，在所用的羊皮上涂抹泡盐水，经过一夜的时间后，可采取脚跺软方法软化羊皮。第二，涂抹酒、酸奶、面粉、糌粑、泡茶、苏打等材料，用锯齿竹板刮花刮薄羊皮。跺软刮薄后，皮质柔软，皮面洁白，皮面纹路纵横有致，细腻生动。第三，按照年龄，身材选定布料，量尺寸，剪裁好衣服的样式，缝合衣服并上领子。河南县"苏和泽"制作技艺对于蒙古族来说是一种民族的精神纽带，对于外族同胞来说，"苏和泽"是区别其他民族，展示其河南县蒙古族独特性文化的重要象征。

　　河南县"苏和泽"于2013年5月列入州级非物质文化遗产代表性项目名录。

102
热贡扎毛挤奶木桶制作技艺

热贡扎毛挤奶木桶制作技艺主要是用于制作挤奶桶、水桶、酵面桶、打奶桶等生活用具。

热贡扎毛挤奶木桶制作技艺流传在黄南州同仁市扎毛乡地区，由当地藏族同胞传承。挤奶木桶制作是青海藏族的传统手工织造技艺，经过几千年的传承，青海逐步形成了具有地方特色的木桶行业。由于历史和地理环境的原因，居住在青海省同仁市扎毛乡麻什当、牙什当等一些农牧的村落的村民从古至今都会运用传统手工的木桶技艺。当地木桶的设计将藏汉文化融为一体，构思巧妙，风格独特。木桶不仅是精美的工艺品，同时也是藏民族非常实用的一种生活用品，它从天然原材料的选择到制造工艺的过程，到最终的成品，都采用绿色产品，天然环保。它是藏族人从古至今的日常用具，并在一定程度上对人的健康和环境保护产生了积极影响。热贡扎毛挤奶木桶制作技艺作为一项传统的民俗技艺，展现了藏族人对美好生活的期望。热贡扎毛挤奶木桶制作技艺的历史悠久，它体现了藏族的古老文化，在工艺学、民俗艺术等领域具有重要价值。热贡藏式木桶手工制作技艺以丰富的表现形式，体现出独特的文化价值。

热贡扎毛挤奶木桶制作技艺于 2013 年 5 月列入州级非物质文化遗产代表性项目名录。

103
仁青尖措
格萨尔绘画艺术

　　仁青尖措格萨尔绘画艺术，是由仁青尖措创立的。他以唐卡艺术为基础，利用西方绘画技法创造的格萨尔系列作品，获得了诸多奖项。他的系列作品是藏族宗教艺术中的古典主义的代表，创造了藏族绘画从唐卡艺术发展到古典主义的历史转变。

　　仁青尖措格萨尔绘画艺术流传于黄南州尖扎地区，由藏族同胞传承。画师仁青尖措在尖扎、热贡、共和等地培养了很多画师。它的技法和艺术表现以藏族绘画为基础，其发展和艺术价值具有独特的艺术风格和研究价值。在其作品中最为珍贵和具有历史意义的是他在 2011 年至 2013 年历时 3 年创作的《格萨尔王与三十大将》。他的格萨尔绘画艺术作品多画于布上，然后用绸缎缝制装禄，上端横轴有细绳便于悬挂，下轴两端饰有精美轴头。画面上覆有薄丝绢及双条彩带。格萨尔绘画艺术作品颜料全为天然矿植物原料，色泽艳丽，经久不褪，具有浓郁的雪域风格。内容多为英雄人物、历史、文化艺术和英雄事迹等。它凝聚着藏族人民的信仰和智慧，记载着藏族的文明、历史和发展，是民族民间艺术中弥足珍贵的非物质文化遗产，在绘画艺术、民俗艺术等领域具有重要价值。

　　仁青尖措格萨尔绘画艺术于 2008 年 5 月列入县级非物质文化遗产代表性项目名录；2013 年 5 月列入州级非物质文化遗产代表性项目名录。

104
热贡艺术"铜雕"

　　热贡艺术"铜雕"是一门极其考验金属雕刻工艺的艺术品。它是每家每户佛堂的悬挂品之一，具有收藏和艺术价值，还可以作为寺院、庙堂的墙饰。

　　热贡艺术"铜雕"流传于黄南州同仁地区，由藏族、土族同胞传承。传承人代表有四合吉村的索太、吉先加、叶旦木等，以家族相授的方式传承。雕刻工艺制作过程包括：首先根据工艺品的需求选料备料；接着要敲模，这需要有好体力，特别是臂力与腕力，金工工艺技法包括铸、敲、锤等；然后是錾刻工艺，要利用錾子把装饰图案錾刻在金属表面，通过敲打使金属表面凹陷和凸起，表现出各种图案和花纹纹样。錾刻工艺，也称錾花工艺。錾刻工艺大部分是手工操作，操作时，一手拿錾子，一手拿锤子，用錾子在素坯上走形。在整个錾刻过程中，凸起和凹陷是交替进行的。大致有阳錾、阴錾、平錾、镂空等工艺表现方法。阳錾与阴錾是凹凸高浮雕的主要表现方法。家族内传承的七大工艺，如浮雕、錾刻、花丝镶嵌、乌铜走银、金银错、珐琅、金属仿古等工艺均属于绝活。使用了錾刻工艺的佛堂大方、美观，具有极高的观赏性，不仅如此，錾刻工艺制作出的大量纪念品畅销国内外，带动了当地文化产业蓬勃发展。

　　热贡艺术"铜雕"于 2013 年 5 月列入州级非物质文化遗产代表性项目名录。

105
安多则柔

安多则柔是一种集体性的传统舞蹈，与仪式性、表演性、自娱性相结合。它是根植于历史和生活土壤的舞蹈技艺，无论是歌词内容还是拟态的舞蹈动作，皆与地方百姓的日常生活息息相关。安多则柔与其他地区的则柔不同之处在于其动作古朴优美，原生态势保留完整，一般多在逢年过节、藏族姑娘成年礼和藏族婚礼等聚会上演唱。

安多则柔在黄南州流传于尖扎地区，由藏族同胞传承。传承人代表：才让措毛、措毛吉、彭毛卓玛。安多则柔在演出时，不限场地，男女成对，少则2人，多则上百人，边唱边跳，动作由简到繁，场面随时变化，歌词比喻生动细腻，旋律优美动听，气氛热烈。在表演开始之际，

男女均以"啊则"开唱，随歌而舞，并伴有动听的和音，唱腔众多，动作多变，辅以眼睛、手势传递信息，颇具艺术魅力。它在藏族舞蹈艺术中有广泛的代表性和显著的典型性，舞蹈作品结构、节目表演形式均达到很高的艺术成就。其种类、曲目的储藏量很大，居藏族舞蹈之首，具有很高的歌舞价值。尖扎地区的安多则柔的表演多出现在婚嫁、迎宾、祝寿、添丁等喜庆宴席中，属于民间节庆文化的一个重要组成部分，在休闲、娱乐之际也可以较为随意地演唱。

安多则柔于2013年5月列入州级非物质文化遗产代表性项目名录。

106
安多酒曲

　　酒曲是劳动人民在生产生活中自创自唱的歌曲，它在劳动人民的日常生活中起着情感表达和情感交流的作用。安多酒曲在内容上反映心声，宣泄情感；在歌词上语言生动，幽默风趣；在题材上涉猎广泛，即兴传唱；在表演上形式多样。

　　安多酒曲广泛流传于青海省海南、海北、黄南、果洛，以及甘肃省甘南等藏族自治州，由藏族同胞传承。安多地区的人们普遍掌握这门唱曲技艺，通过口口相传、以师带徒的方式传承。安多酒曲具有热情、开朗、诚挚、动人、节奏律动性强等特征。对酒曲进行传承，有助于对藏族历史发展、文化背景等进行了解。安多酒曲是藏族民歌的重要组成部分，传承、保护和发展是弘扬中华民族传统音乐文化不可缺少的内容。酒曲的传承是一种藏族文化的艺术载体，也是藏族歌谣文化的一种体现。安多酒曲发展到现代，伴随着社会分工的细致，出现了职业化的酒曲传唱人，酒曲从原有的表演场所扩充到社会生活的各个层面，进一步发挥着安多酒曲的功能。酒曲美妙的音乐性，能够起到净化心灵，陶冶情操的作用。同时，酒曲歌词中传递的价值观念，有助于民间文化的传播。

　　安多酒曲于 2013 年 5 月列入州级非物质文化遗产代表性项目名录。

107
河南县蒙藏医院"德孜曼制庆目"（炼药仪式）

　　藏药的采集、炮制、制作过程都有严格的规定，应依据其严谨的传统医学理论。

　　河南县蒙藏医院"德孜曼制庆目"（炼药仪式）流传在黄南州河南蒙古族自治县，由蒙古族、藏族同胞传承。在制成药品前后，必须按宗教仪轨进行加持开光，因此，藏药具备传承秘方、特殊炮制、超能加持三个基本制作条件。这一过程有着浓厚的宗教色彩的原因是在漫长的历史进程中，藏医学伴随着佛教的发展而发展，受到藏传佛教很深的影响，一些治疗藏民族聚居区疑难多发病的传世秘方在寺院中以师徒传承的方式延续至今。藏药的开光加持对信仰佛教的人民而言也是一种有效的心理暗示疗法，这在精神层面给予了病人更多的慰藉，达到了减轻病人精神痛苦的效果。这与现代医学中的心理疗法有着异曲同工之妙。藏药不仅在治疗疾病方面取得了瞩目的成果，同时还带动了本地区的经济和文化旅游业的发展，提高了河南蒙古族自治县的知名度，河南蒙古族自治县蒙藏医院也被评为全国民族团结示范点，藏药加持仪式在藏医药文化中是不可或缺的。"德孜曼制庆目"（炼药仪式）以丰富的表现形式，体现出独特的文化价值。

　　河南县蒙藏医院"德孜曼制庆目"（炼药仪式）于2020年7月列入州级非物质文化遗产代表性项目名录。

108
热贡土烧馍制作技艺

热贡土烧馍是每逢过年过节、喜庆佳日、婚丧嫁娶、走亲访友时，作为珍贵的馈赠礼品的食物。要精心烧制大饼作为重大佛事活动时的供品，敬献佛祖。土烧大饼根据不同的用途造型各异，如作为供品要制作成日、月形，作为礼品要制作成圆形或方形。

热贡土烧馍制作技艺流传于黄南州同仁地区，由当地藏族、土族、汉族传承。热贡土烧馍的制作规矩严格，工艺复杂，充满神奇色彩。热贡土烧馍在青海制馍技艺中独占鳌头，它的制作过程有点类似于烧窑。制作过程为：首先在面粉的选择上特别讲究，最好选取当地种植的小麦磨成的面粉；在烧制的前一天用木制桶发酵好面粉，备好烧柴，采集白土疙瘩，挖好地窑，再将白土疙瘩放在地窑周围垒成圆锥状的"土塔"；第二天早上先点火烧"窑"，直到将"土塔"烧红、烧透；等土块烧红后，把揉好的面按窑的大小比例压成饼状，再将烧得红透的"土塔"一半放入窑内并砸碎，然后迅速把面饼放在上面，用牛皮纸盖住面饼，把"窑"封住；待一小时左右后打开，一个金黄色"烧饼"便呈现在眼前。热贡土烧馍烧制技艺独特，口味醇香，具有常温下久藏不变色、不变味、易携带等特点。它是当地群众接待客人、旅途携带充饥和馈赠亲友之佳选。同仁市德恒隆藏式传统饮食文化有限公司传承和保护这项非物质文化遗产的同时，也增加了当地群众的经济收入。

热贡土烧馍制作技艺于 2017 年 7 月列入州级非物质文化遗产代表性项目名录。

109

藏纸手工制作技艺

藏纸是由树皮纤维及"日加"根部纤维经石灰和土碱制成的（主要原料是一种叫狼毒草的有毒性的野草，藏语叫"日加"。狼毒花色彩艳丽，主要出现在草原或草场上）。布达拉宫、大昭寺、萨迦寺等处收藏的各类经典所用纸张大都是藏纸，直到20世纪50年代，藏纸还在藏族聚居区广泛使用。

藏纸手工制作技艺在青海流传于黄南州同仁、尖扎地区，由藏族同胞传承。传承人代表：多杰桑珠、洛桑端智、多杰端智，以培训人才的方式传承。高原干燥缺氧，原料具有一定毒性，因此藏纸具有防腐、防蛀、防潮的特性，易于长期保存。其纸质较为柔韧，经久耐用，色彩也丰富多样，具有装饰美感。藏纸手工制作技艺的价值主要体现在文化、历史、社会影响和经济效益等方面：一、文化价值（用于记载）。这种纸书写的档案文献至今仍保存完好，在寺院经历数百年的藏经文也完好无损，不因时间长久而损坏，字迹也不模糊。二、历史价值。起源古老，通过对民间手工的研究，可以向世人展示民间手工绣画艺术和文化的源流。

藏纸手工制作技艺于2017年7月列入州级非物质文化遗产代表性项目名录。

110 热贡藏靴手工制作技艺

　　热贡传统藏靴手工制作技艺历史悠久，已有600多年。作为一种重要的生产和生计方式，江什加村的皮革加工技艺属于集体传承的非物质文化遗产，因其独特技艺和产品优势，获得青甘川以及周边藏族聚居区群众的广泛认可和赞誉。民间有"吾屯的唐卡，江什加的藏靴"的美誉。

　　热贡传统藏靴手工制作技艺流传于同仁地区，由藏族、蒙古族、土族同胞传承。传承人代表：更太加、加措卡、更藏尖措，以师徒相传、集体、家庭作坊式等方式传承。藏靴制作首先要根据靴子的尺寸和样式，将选好的皮革精确裁剪成各个部件，如靴筒、脚面、靴底、鼻梁等。鼻梁部分通常会填充牛皮或其他硬质材料，使其保持一定的形状，便于穿脱并有助于支撑靴筒。藏靴使用传统的手工缝制技艺，如双针马鞍缝法等，将各部分皮革紧密缝合在一起。这种缝法既牢固又美观，能在严苛环境中保持耐用性。靴底与靴帮的连接处尤其需要精心缝制，确保防水性能，防止水分从接缝处渗入。此外，藏靴往往根据个人需求进行定制，如根据脚型大小、穿着习惯甚至个人喜好调整靴子的长度、宽度、松紧程度等，确保每双靴子都能完美贴合穿着者的脚部，提供最佳的保暖与舒适体验。总的来说，藏靴制作工艺是藏族传统手工艺文化的生动体现，不仅注重实用功能，还融入了丰富的艺术元素和民族符号，每一双精心制作的藏靴都是工匠技艺与藏族传统文化的独特结晶。

　　热贡传统藏靴手工制作技艺于2017年7月列入州级非物质文化遗产代表性项目名录。

尖扎藏式木雕技艺

木雕是中国最为流行的民间传统装饰艺术之一。藏族聚居区的木刻有别于其他地区流行的木刻，它主要以刻画为主。藏式木雕主要雕刻佛教故事、民间信仰、祥瑞图案以及宗教法器、生活用具等。尖扎藏式木雕在满足群众的上述需求的同时，一代代匠人还用自己独有的智慧创造出许多有个性的木刻作品。

尖扎藏式木雕技艺流传于昂拉地区，由藏族同胞传承，以记录、师徒传承和家族传承的方式流传。尖扎藏式木雕作品深受当地群众的喜爱，其图案逼真，造型独特，大量使用镂空技艺，动物形象栩栩如生，花草色彩异常鲜艳。尖扎地区的木雕制作以前是当地村落首领的住处和寺庙及其高僧宅第装饰的上等工艺。尖扎木雕是民间技艺文化的表征，是藏民族灵魂深处审美的表达。

随着时代的发展，民间藏式木雕在结合运用传统的木雕工艺，仿古和装饰现代建筑方面又有很大的突破。

尖扎藏式木雕技艺于 2017 年 7 月列入州级非物质文化遗产代表性项目名录。

112

泽库牛羊毛
手工编绳技艺

泽库牛羊毛手工编绳技艺是草原特色生态环境的产物，其工艺用品用料主要以本地所产牛羊毛为主。泽库牛羊毛编绳技艺主要制作工序包括原毛收集、原毛洗涤脱脂、打毛、搓捻成股、捻股成绳等。牛羊毛手工编绳技艺全部用手工编织完成。

泽库牛羊毛手工编绳技艺流传于黄南州泽库县境内，由藏族同胞传承，藏族群众广泛掌握这门技艺。毛绳是放牧生活经常运用的工具，毛绳具有耐劳耐蚀耐晒的物理特征。泽库牛羊毛编绳技艺编制精密、品种繁多、形式独特、乡土情趣质朴、民族风格浓厚、地域特色鲜明。其价值体现在：一、艺术价值。泽库牛羊毛编绳技艺是藏民族创造的优秀手工技艺。做工精良的牛羊毛编织品显现了藏民族较高的手工技艺。藏族先民们还在传统编绳方法的基础上，发明了独特的连环扣，这一技艺使牛羊毛编绳产品更具独特的实用价值。二、市场价值。泽库牛羊毛编绳技艺编制的产品广泛为大众认可，具有较高的经济价值。

泽库牛羊毛手工编绳技艺于 2017 年 7 月列入州级非物质文化遗产代表性项目名录。

113

马鞭制作技艺

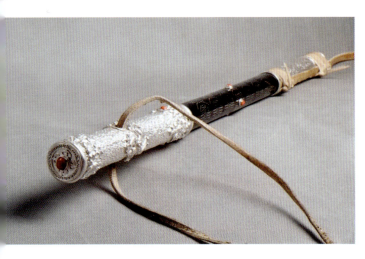

马鞭制作技艺是藏族游牧民生活中最常见、最具有实用性的一个技艺。它用途广泛，种类和形状也各异，在每个游牧部落中几乎都有做马鞭的匠人，且每个部落所做的马鞭也不尽相同。马鞭的制作工艺十分讲究，既要保证结实、耐用，又要美观、新颖。其原料主要是牛、马、羊的皮革，除此之外，还要用铜、银、铁等金属来装饰。

马鞭制作技艺流传于泽库县境内，由藏族同胞传承。游牧民族将马鞭制作技艺传承了下来，并发扬光大。马鞭的作用现已发生了很大变化，古老记忆和现代元素相交融，赋予马鞭更多的功能。首先选定的木棍需要经过打磨、抛光，去除粗糙部分成为鞭杆，保证握持舒适且表面光滑。对鞭杆进行雕刻装饰，如刻上图案、文字或镶嵌金属配件，增加艺术性和个性化特征。然后按所需宽度裁切毛皮条，确保边缘平滑无毛糙，并对毛皮条进行鞣制处理，使其柔软且耐久。将多条皮质鞭条按照一定的间距均匀排列，并用细线或细皮绳紧密地捆绑在鞭杆的一端，确保鞭条牢固且不易松动。鞭梢通常采用更细的皮条或金属丝制成，末端可打结或包裹皮革，以防磨损。将鞭梢牢固地绑定在鞭条末端，形成一个灵活且有力的打击点。最后，根据地域文化和个人喜好，马鞭可能配有额外的装饰元素，如鞭索、铃铛挂件等。

马鞭制作技艺于2017年7月列入州级非物质文化遗产代表性项目名录。

114
毛毡制作技艺

毛毡是游牧民生活中不可缺少的毛织品，主要作用于防雨衣、铺毯、毡帽、毡靴，等等。制作方法主要有三种：湿毡法、针毡法、湿毡加针毡混合法。湿毡法是人类最早使用到的毡化技术，藏族游牧民制作毡毛品的方法就是典型的湿毡法。传统的毡化方法要求必须采用合适的动物纤维，如羊毛和牛毛，用肥皂水浸湿后再采用一些机械滚动操作。

毛毡制作技艺在黄南地区由藏族同胞传承。毛毡制作技艺首先去除原毛中的杂质，将成团的羊毛分散，使其蓬松便于以后进一步清除毛料中的杂质，梳理出纯净、均匀的纤维，然后将整理好的纤维用水或蒸气湿润，使纤维更容易相互粘连。再将湿润的纤维均匀铺叠，形成所需的厚度后，使用专用工具（如木质滚轮或现代的电动毡机）对纤维层施加压力和摩擦，使纤维纠缠交织，逐渐形成毡体。在毡化过程中或完成后，根据需要对毛毡进行挤压、折叠、切割等操作，塑造出特定的形状和纹理。然后将毛毡置于通风处自然晾干，或者使用低温烘干，确保其形状稳定。最后通过刺绣、缝缀、镶嵌等手法添加装饰元素，提升艺术品位。

毛毡制作技艺于 2017 年 7 月列入州级非物质文化遗产代表性项目名录。

115
打酥油制作技艺

酥油是藏族最常见的食物之一，是从牦牛奶中提炼出的脂肪。产于夏、秋两季的牦牛酥油，色泽鲜黄，味道香甜，口感极佳，冬季的则呈淡黄色。酥油滋润肠胃，和脾温中，含多种维生素，营养价值颇高。在食品结构较简单的藏民族聚居区，能补充人体多方面的需要。

打酥油制作技艺流传于泽库境内等地，由藏族同胞传承。作为一项家常技艺，广泛被藏族妇女掌握。打酥油制作过程：先将牛奶稍加热，然后倒入专门打制酥油的木桶中；奶倒入木桶后，用"甲罗"用力上下搅动近千次，奶中油水即自行分离；油脂浮在表面，用手捧出，灌进御制晒干好的牛肚或羊肚中，冷却后即成为酥油。酥油制成后即可保存起来随时食用或外运出售。制酥油后剩下的"达拉"水可以饮用，沉淀物也可制成"曲拉"（即奶渣）等奶制品食用。在牧区，也有的将奶倒入陶罐、皮革袋中，反复摇动制成酥油。酥油用途广，功能多，有调理肠胃的功效，对润肺、便秘等病症有奇效，而且它还可以补五脏，益气血，治肺痿咳喘。打酥油制作技艺体现了藏族人民的生活智慧，在饮食人类学、民族学等各种领域具有重要价值。

打酥油制作技艺于 2017 年 7 月列入州级非物质文化遗产代表性项目名录。

116
牛马鞍制作技艺 ❋

　　牛马鞍制作技艺是藏族游牧民生活中最常见、实用性强的一个技艺。它是生活中或者军事中不可或缺的工具，也在历代工匠的辛勤努力和研究探索下形成了一套完整独特的制作程序和工艺。其材料主要由黄牛皮、牦牛皮、松木、钢板等组成。

　　牛马鞍制作技艺流传于泽库等地，由藏族同胞传承。牛马鞍制作首先加工鞍桥，这通常是马鞍的核心结构部分，需要精细雕刻并确保坚固耐用。然后制作鞍子上所需的皮革配件，皮革需要鞣制、裁剪、缝制马鞍垫、肚带、马镫带等软配件，确保舒适度与耐磨性。接下来锻造或铸造马镫、鞍环等金属部件，进行打磨、抛光处理。将三者组建起来后，运用刺绣、镶嵌、雕刻等手法对马鞍进行装饰，添加部落符号、吉祥图案等元素。最后将装配成完整的马鞍进行细致调整，确保马鞍与马体完美贴合，骑行舒适且安全。牛鞍子制作工艺基本相同，但比马鞍略简单，较少装饰，不配镫子。

　　牛马鞍制作技艺于 2017 年 7 月列入州级非物质文化遗产代表性项目名录。

117 蒙式鹿皮袄制作技艺

蒙式鹿皮袄制作技艺是河南蒙古族在生产生活中创造的用鹿皮手工制成服饰的传统手工技艺，形式上分为男式和女式。蒙式鹿皮袄服饰是河南蒙古族的代表性服饰之一，服饰品种复杂，文化蕴含深刻，传承历史悠久。蒙式鹿皮袄服饰的领子和衣服边都镶有羊羔皮或绣花，领子和衣边做得是否精致和讲究，决定着服饰是否精致与美观。

蒙式鹿皮袄制作技艺流传于黄南州河南蒙古族自治县，由蒙古族、藏族传承。传承人代表：那德，以师徒与培养人才的方式进行传承。制作过程是：一、将所用的鹿皮上涂抹泡盐水，过一夜的时间。二、涂酸奶、面粉、茶水、苏打等材料，采取锯齿竹板刮花刮薄。多次刮薄后，皮质柔软，皮面光洁，皮面纹路纵横有致。女式长袄的下摆，领口和袖口均以哑黑、大红、天蓝色条绒、平绒或羔皮等材料镶边。男式长袄下摆镶饰黑色条绒、平绒，另用羊皮（脱毛）滚边成绺，领口、袖口多以锦缎镶饰。蒙式鹿皮袄制作技艺集裁剪、缝纫、贵金属加工、饰品制作于一体，是蒙古族文化不可分割的组成部分，其

中凝聚着蒙古族人民的智慧，显示出丰富的文化内涵，具有历史学、民族学、美学等方面的研究价值。蒙式鹿皮袄制作技艺是蒙古族的精神纽带，是看不见的亲缘，是蒙古族繁衍生息、自强自立的精神象征。

蒙式鹿皮袄制作技艺于2017年7月列入州级非物质文化遗产代表性项目名录。

118 蒙古族"偶兰"制作技艺

"偶兰"是藏语，意为煮焖肉馅饼。河南蒙古族的饮食多种多样，有很多特色美食，其中"偶兰"就是一道特色，作为河南蒙旗草原上的主食之一，它的主要原料是纯肉、面、水、盐、牛羊油、野蒜。放入牛粪火中焖制3至5分钟后即可食用。"偶兰"是属于不常食用的待客饮食。"偶兰"煮焖肉馅饼的做法比较简单，与"哈巴里"馅饼基本相同，不同的是"偶兰"不是油炸饮食而是煮焖饮食。"偶兰"是牧区一道极具有特色、味道鲜美、肉质肥而不腻、营养丰富的美食。

蒙古族"偶兰"制作技艺流传于黄南州河南蒙古族自治县，由蒙古族、藏族传承。传承人代表：旦正昂杰，以食用烹饪的方式进行传承。客人们在品尝蒙古族"偶兰"时，需配以蒙古族待客的传统礼仪，使蒙古族的饮食风格具有浓郁的民族特色，形成蒙古族独具特色的饮食文化。"偶兰"渗透着蒙古族特色的民俗、礼仪、文化等，是蒙古族独特的待客饮食。蒙古族牧民喜欢食用纯天然的、没有污染的食材做成的"偶兰"，一定程度上能够增强人的食欲，改善食欲不振的情况，同时能加强肠胃的吸收功能。

蒙古族"偶兰"制作技艺于2019年11月列入县级非物质文化遗产代表性项目名录；2017年7月列入州级非物质文化遗产代表性项目名录。

119

泽库民歌

民歌是一种民间特殊的歌曲，藏语称为"勒"。它有多种类型：如宇宙起源歌、放牧歌、祭歌、赞歌、对歌、婚歌、思念歌、托歌、吉祥歌等。

泽库民歌流传于黄南州泽库县境内，由藏族同胞传承，当地群众组织演唱及比赛活动，并将泽库民歌代代相传。它是从藏民族的祖辈起开始传承，主要通过口传延续下来。古时候藏族王朝中主要场合的语言交流时通常都用民歌作为表达方式，它不仅能够体现语言的优美和藏民族善用修辞的特点，而且具有深刻的思想性和较高的艺术性。泽库民歌作为藏族的一种诗歌创作，与文学的同步发展，对其保存起到了很大的作用。它还促进了藏民族社会进步和文化发展。古时候民歌种类不多，主要以宇宙起源歌、祭歌、赞歌等为主，随着时代的进步和发展，民歌的种类也逐渐增多，内容也更丰富多彩。民歌中所具有的人民性、广泛性和高度的思想性，又使它的艺术性不断提升。泽库民歌等藏族民歌具有历史价值和研究价值，可以从它们的发展看出藏民族社会历史、时代生活、风土人情以及文化艺术演变的基本概况。民歌中深邃而丰富的思想内容通过优秀卓越的艺术形式表现出来；泽库民歌蕴含文化的多样性，艺术的独特性，具有很高的研究价值。

泽库民歌于 2017 年 7 月列入州级非物质文化遗产代表性项目名录。

120
蒙古族民间长调

蒙古族民间长调是带有蒙古族特色的民间传统音乐。长调尤其值得称道的是悠扬的旋律、繁复的波折音和只可意会的内在节律。演唱长调时，常有将一个完整乐段从低音区提到高音区，再降到低音区的完整过程，有时一支长调要用几组这样的过程。蒙古族民间长调常用于婚姻、生子、祝寿、造房、节日等喜事和迎客待客的场合。

蒙古族民间长调流传于黄南州河南蒙古族自治县。由蒙古族、藏族传承。代表传承人：卡多、肉增、才让卓玛等，以记录和表演的方式传承。长调在音乐上的主要特征是歌腔舒展，节奏自如，高亢奔放，字少腔长，不少乐句都有一个长长的拖音，再加上起伏的颤音，唱起来豪放不羁，一泻千里。长调一般为上、下各两句歌词，即四句歌词分两遍唱完。长调演唱艺术只能根据演唱者的生活积累和对自然的感悟来掌握，而不能像短调歌曲的节拍那样来固定地表达。即不同的人演唱的节律各不相同。长调歌词的绝大多数内容都是描写草原、骏马、骆驼、牛羊、蓝天、白云、江河、湖泊等。蒙古族长调的唱法以真声为主，它感叹自然、讴歌母爱、赞美生命、诉说爱情，它把蒙古族的智慧及其心灵深处的感受表现得淋漓尽致。

蒙古族民间长调于 2017 年 7 月列入州级非物质文化遗产代表性项目名录。

121

知母宵央乐

　　知母宵央乐被称为挤奶调，它是一种传统的藏族音乐。它是指在挤奶过程中唱的歌，通过唱歌可以安抚奶牛并表达自己的情感，通过演唱知母宵央乐的方式增强人与牛之间的情感。

　　知母宵央乐流传于泽库等地，由藏族同胞传承。传承人代表：尕藏吉、尕藏等，以培养人才的方式传承。以前基本上成年的牧人妇女们都会唱知母宵央乐，传承至今的泽库知母宵央乐历史悠久。挤奶歌是藏族游牧民用歌声来表达对牦牛的感情的一种现象。知母宵央乐的价值体现在：一、民族价值。知母宵央乐是牧区藏族特有的一种传统音乐，它体现了藏族人民对牛羊的深厚感情和藏民族有感而发的特性。二、历史价值。这种藏民族与生俱来传承的音乐，在历史的演变过程中没有受到时代的影响完好地保存了下来，记录了藏民族的生活。三、传承价值。挤奶歌是一个民族独特的代表音乐，蕴含着藏族的民族特点。挤奶的过程中妇女们唱挤奶歌让烦躁的牦牛静下来感到放松，这样挤出来的牛奶会更多，这是一种增加产量的办法。除此之外，知母宵央乐还是独属于藏族的民族音乐，它包含了藏族人的信仰与思想观念，独特的审美观念与态度，是一项非常值得传承的民族音乐。

　　知母宵央乐于 2017 年 7 月列入州级非物质文化遗产代表性项目名录。

122
朵玛祭

    "朵玛"是藏语音译,直译为"食子",指由糌粑（青稞炒熟后磨成的粉）为主要原料,有时混入酥油、糖、奶渣等成分,通过手工捏塑而后涂上颜料的形状各异的供品。

    朵玛祭流传于黄南各地区,以同仁为甚,主要由寺院僧人传承。朵玛的形状多样,根据不同的宗教仪轨、节日庆典或特定目的,可以捏制成具有各种象征性的形态,如象征智慧火焰、月轮、日轮、莲花座、耳饰等佛教吉祥符号,或者模拟人形、动物形、塔形、山形等。朵玛作为重要的供品,在藏传佛教的宗教仪式中不可或缺,用于供养诸佛菩萨、护法神祇及六道众生,表达虔诚敬意和祈求庇佑。部分朵玛被用于施舍给六道众生,特别是饿鬼道的众生,以期减轻它们的痛苦,积累善业。特定的"驱魔朵玛"在

宗教仪式中被用作驱逐妖魔鬼怪的法器,通过抛掷等方式以净化环境、消除障碍。其社会文化意义不仅限于宗教活动,也是祈福、祭祀、节庆等场合的重要元素,体现了藏族人民与自然、神灵和谐共处的宇宙观。朵玛的制作更是藏族捏塑技艺的大成,其中蕴含着精湛的美术技艺和审美价值。

    朵玛祭于 2017 年 7 月列入州级非物质文化遗产代表性项目名录。

123
藏族民间"铛"疗法

　　藏族民间"铛"疗法是一种具有奇特疗效的秘方。"铛"是一种法器作响治疗的简称，法器由纯铁半圆形三个环和单面鼓组成。传承人通过咒语、特殊加持的甘露水和法器相结合而成，被当地藏族群众普遍接受。

　　藏族民间"铛"疗法流传于黄南地区。传承人代表有脱嘉法师、周格法师、布格法师等，以师徒相传的方式传承。此法疗效奇特，并与藏传佛教密宗相结合。藏族民间"铛"疗法能够起到调节身心平衡，实现生命健康和疾病防治的功能和作用。此秘方珍贵，具有开发、保存、保护、传承、研究等价值，是人类宝贵遗产，可填补国秘之空白，使埋藏百余年的珍贵秘方面向社会、服务于社会，为人民祛病除疾。这"铛"疗法对中风、偏瘫、偏头疼、脑出血和其他一些疑难杂症具有奇特疗效，对人类健康作出了相应的贡献。藏族民间"铛"疗法作为一项传统的民间疗法，展现了藏族人民对美好生活的期望和从生活经验中领悟到的智慧。藏族民间"铛"疗法历史悠久，它体现了藏族人民的古老文化，在人类学、民族学、民俗艺术等各个领域具有重要价值。藏族民间"铛"疗法以丰富的表现形式，体现出独特的文化价值。

　　藏族民间"铛"疗法于 2017 年 7 月列入州级非物质文化遗产代表性项目名录。

124
关帝信俗

保安关帝庙是同仁市唯一一处关公庙。保安关帝庙始建于明永乐年间,原址在城内,明万历年间改扩建时移至城外。关帝信俗,系明初建立"保安四屯"时由屯兵自内地传入。古代中原屯兵皆来自内地或江南,且尚武成风,因此把精忠报国、忠义双全的关羽作为偶像并加以崇拜,既符合人文传统,也贴近当地汉族群众的信仰。

关帝信俗流传于黄南州同仁地区,由当地保安镇汉族传承。传统上,每逢农历五月十三(关公单刀赴会日)、六月二十三日(关公诞辰日),关帝庙举行庙会,届时当地群众焚香磕头,许愿还愿,民俗气息十分浓郁。如今,保安关帝庙每年举办庙会,香火旺盛,是保安古城最具人气的宗教场所之一。关羽忠义双全,在很多方面关羽的形象已深入人心,就因为"忠义"二字关羽威震华夏,被百姓建庙供奉。关羽的为人处世之道,慢慢在人们的印象中刻画得更完美。关羽忠、义的品质体现了中华民族的传统美德,随着关羽忠义思想日益深入人心,关羽从历史的忠臣形象成为万众效仿的偶像,一千多年来,他一直是历来民间崇祀的对象,受人们的拥戴。关帝信俗作为一项传统的民俗信仰,展现了人们对美好生活的期望,在人类学、宗教学、民俗艺术等领域具有重要价值。

关帝信俗于 2017 年 7 月列入州级非物质文化遗产代表性项目名录。

125
二郎神信俗

二郎神作为道教神祇，是汉族地区人们普遍信仰的神灵。同仁土族和藏族共同举行的"六月会"等民间民俗文化活动，均与二郎神信俗密不可分。保安群众除了在农历初一、十五日去二郎庙烧香许愿外，还会在每年年三十晚上先行到二郎庙敬献盘馍（平月 12 个，闰月 13 个）和猪头一只。交子时分，登上铁城祭奠先人，然后再到二郎庙抽签许愿。当晚，二郎庙内灯火通明，香烟缭绕，人头攒动，烧香磕头，盛况空前。

二郎神信俗本是中原信仰，传入同仁地区后，由当地保安镇汉族、藏族、土族同胞传承。明永乐年间，万历年间，清雍正年间，内地军人数次成批进入保安河谷屯田戍边，

二郎神信俗随之传播开来，并深深影响到了周边少数民族。当地民间二郎神崇拜也最为兴盛，凡驱秽逐疫、降妖镇宅、整治水患、节令赛会等各种民俗行为，无不搬请二郎神。二郎神是同仁地区多民族共同的民间信仰，也实现了在多民族间和睦共存。二郎神信俗历史悠久，展现了人们对美好生活的期望。它体现了当地的古老文化，在人类学、宗教学、民俗艺术等领域具有重要价值。二郎神信俗以丰富的文化表现形式，体现出独特的文化价值。

二郎神信俗于 2017 年 7 月列入州级非物质文化遗产代表性项目名录。

126
保安对联习俗

对联也被称为"对子""门对""春联"等，它以工整、对偶、简洁、精巧的文字描绘时代背景，抒发美好愿景。保安群众在过春节时，大门上的对联必不可少，院内所有的门框上也要贴对联，就连猪圈、牛圈、羊圈、厕所、果树上也都贴上象征日子红红的"五谷丰登""牛羊满圈""鸡鸭成群""六畜兴旺""硕果累累"等。其中正对着大门的照壁上还要贴上一个大大的"福"字，寓意未来美好。

保安对联习俗流传于同仁地区，由保安镇汉族同胞传承。保安人贴对联的习俗始于明初，传说朱元璋要求家家户户贴对联，于是屯子里所有的营房贴上了对联，而后保安城吴、计、脱、李四个军屯后裔逢年过节、婚丧嫁娶时都要贴对联，这种传统习俗传承至今。保安对联工整、对偶、简洁、文字精巧。保安群众在婚嫁及春节时贴的对联使用红纸，但庙宇用黄纸，如果家里有人去世，则用白纸贴对联，服孝三年期间的对联则用绿纸，服孝期满后改回红色对联。孩子满月、老人过寿、建房立庙等喜事均要书写对联，鲜红的对联会让人心生喜庆与温暖，再加上对联上表达的美好的祝愿、深含的寓意，能让人觉得美好生活离人们很近很近。对联可以探索和提高人类的自然意识和民族意识，充分利用对联这种文学形式更好地为经济建设服务，为丰富人民群众文化生活服务。

保安对联习俗于 2017 年 7 月列入州级非物质文化遗产代表性项目名录。

127

隆务庙会

　　隆务庙会是一项民间民俗活动。这一活动是清末保安古城汉族群众迁居隆务街道后而产生的。隆务庙会活动一般只进行一天，遇到特殊日期，可进行数天不等。

　　隆务庙会流传于黄南州同仁地区，由隆务镇汉族传承。活动开始前，由主事者通知信众进行募捐活动。出于对二郎神的信仰，信众捐钱捐物，也有捐献活羊的，有时一家或一族捐一只或数只羊；有时数家共捐一只或数只羊。庙会活动有多个环节：首先群众自主煨桑上香，并在神像前敬献盘馍等供养；接着主事者或街道耆老在二郎神像前跪拜祈祷，祈愿二郎爷保佑地区平安，风调雨顺，国泰民安；接着牵羊到神前，主事者往羊身上泼洒凉水；相关仪式结束把煮熟的羊肉先供于二郎神前，伺后众人分享，这寓意着享用了二郎神赐予的食物，定会增福增寿。在此过程中，信众们会推举下一年度庙会主事，同时商议增置庙内法器、修缮庙宇房屋，以及增减庙管会成员等事宜。通过祭祀形式促进个人之间、村落之间及民族之间的交流交往，庙会也成为了民众沟通交流的平台。这种交往行为在无形之中减弱了民族隔阂，民众基于共同的信仰而产生超越族群的地域认同感，生出更多的亲切感。该活动通过多元文化形式的祭祀礼仪满足民众的心理需求，也实现了多民族的和谐共生。

　　隆务庙会于 2017 年 7 月列入州级非物质文化遗产代表性项目名录。

128
泽库藏餐

泽库藏餐包括藏式点心、蕨麻米饭（人参果）、烤黄蘑菇、石头烤肉、肉肠、血肠、面肠、酥酪糕、阿卡包子、酥油茶、甜茶、奶酪、曲拉等美食。藏餐是藏民族生活中的传统美食，不论是过节、婚嫁、福寿还是其他人生礼仪等各种重要的节日上不可或缺的食物及礼品。

泽库藏餐流传于黄南州泽库县境内，由藏族同胞传承，乡镇的牧民妇女大多掌握藏餐的制作技艺。藏餐餐品种类繁多、味道香美、色泽诱人，制作过程也并不繁杂琐碎，制作的材料几乎涵盖泽库各种原产食材。藏餐主要是用在过节、过年、婚嫁、福寿及礼仪中的摆设或者食用、送礼等地方。它的存在不仅体现了节日的重要性，而且送礼也体现着对远方客人的尊重。藏餐拥有的价值：一、历史价值。藏餐是藏族自古以来民族饮食文化的一种记录和象征。二、营养价值。藏餐是一种简单方便、健康独特、味道多样、营养价值很高的食物。其制作过程中使用的都是绿色食品，对身体健康有极大好处。三、作为泽库地区独有的藏餐，因此称之为"泽库藏餐"，具有很强的民族性。泽库藏餐历史悠久，在人类学、营养学、民俗学等各种领域具有重要价值。

泽库藏餐于 2017 年 7 月列入州级非物质文化遗产代表性项目名录。

129
蒙古族蕨麻宴席

　　"蕨麻"为藏语，意为人参果。蕨麻是当地牧民群众经常食用的食物，煮熟后可配以大米、酸奶等食物。食用蕨麻的历史悠久，食用的方法产生于牧民群众的日常生活中。蕨麻生长于高原地区，暮春时在草地上挖蕨麻，需要把握一定的时机，必须在蕨麻根茎未发芽前要采挖，否则不可食用。蕨麻采挖后，先要清洗干净，后晒干，在草原上挖蕨麻的当天就举行煮蕨麻宴席，人们将蕨麻煮熟，邀请亲朋好友来品尝这一节令性美食。

　　蕨麻宴席流传于黄南州河南蒙古族自治县。它是独具特色的欢乐的节日，在饮食文化上有着不凡的价值，且在烹饪技艺和民俗文化上起着很大的作用。蕨麻作为传统饮食，长期以来，在传统制作技艺的基础上，做工越来越精炼、用料越来越讲究，制作技艺也越来越多样。它是该地区代表性的饮食之一，它呈现了河南牧民群众的饮食文化，对中华民族饮食文化的多样性增添了民族特色，也弘扬了民间传统的独特的饮食手工技艺。蒙古族蕨麻宴席作为招待客人的方式，同牧民生活环境息息相关，是在过节、设宴时不可缺少的一种食物。

　　蒙古族蕨麻宴席于 2020 年 7 月列入州级非物质文化遗产代表性项目名录。

130
蒙古族祭敖包仪式

"敖包"是蒙古语，意即"堆子"，也有译成"脑包""鄂博"的，意为由人工堆成的"石头堆""土堆"或"木块堆"。旧时遍布蒙古各地，多用石头或沙土堆成，也有用树枝垒成的，原来是在辽阔的草原上人们用石头堆成的道路和境界的标志，后来逐步演变成祭祀山神、祈祷丰收、家人幸福平安的活动。每隔数年因敖包土木结构出现风化雨蚀或牲口的破坏，人们会在选定的日子进行重新建立或修葺，届时仪式规模更隆重盛大。

开始祭祀时，主持者或喇嘛会进行一系列的宗教仪式，包括焚香、诵经、祈祷等。众人按照一定的顺序围绕敖包顺时针转圈，同时抛洒牛奶、酒或其他祭品，象征性地洒向天空、大地，祈求天地赐福，保佑人畜兴旺、五谷丰登、风调雨顺。随后，参加祭祀的人们依次向敖包鞠躬、叩首或跪拜，表达对天地和祖先的敬意。祭祀结束后，常常会有丰富的民俗娱乐活动，例如赛马、射箭、摔跤比赛等，增进部落成员间的团结和友谊。祭敖包不仅是信仰仪式，也是凝聚民族精神、传承民族文化的重要载体，体现了蒙古族对生态环境和谐共生的理念。随着时间的推移和宗教信仰的变化，祭敖包的内涵也有所扩展和演变，如今已不仅仅局限于原始的自然崇拜，还融入了藏传佛教等多元文化元素，成为一种综合性的民族节日庆典。

蒙古族祭敖包仪式于 2017 年 7 月列入州级非物质文化遗产代表性项目名录。

131

蒙古族幼童剃头仪式

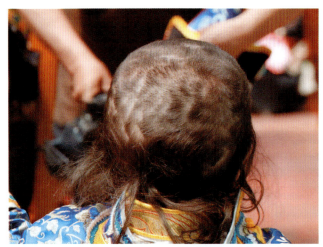

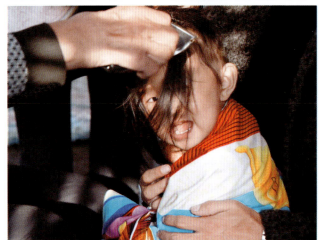

　　蒙古族幼童剃头仪式是一项传统民俗，是蒙古族特有的一种礼仪。儿童的首次理发对于一个家庭来说相当重要，这种礼仪成为一种节庆性的习俗，跟过生日有同等的规格，是一生中重要的礼仪，家庭成员都比较看重。

　　蒙古族幼童剃头仪式流传在河南蒙古族自治县，这种习俗流传久远，并延续至今。由蒙古族、藏族传承。传承人代表：加洋旦巴，以记录和举办活动的方式进行传承。幼童人生中首次理发仪式俗称"阿拜琳吧"，意为剪下首次头发。一般情况小孩到了虚岁三岁时选择一个吉祥的日子操办此事，男女童皆如此。理发当天家里会举办宴席，邀请自己的亲朋好友，给当事儿童穿新衣服表示庆贺祝福，那些被剪下的头发，用布料或者羊毛做简单的修饰后，缝贴在小孩的衣服背部表示吉祥。作为一项传统的民俗活动，该仪式展现了蒙古族人对美好生活的期望。蒙古族幼童剃头仪式的历史悠久，它体现了蒙古族人们的古老文化，在人类学、民族学、民俗艺术等各种领域具有重要价值。蒙古族幼童剃头仪式以丰富的表现形式，体现出独特的文化价值。

　　蒙古族幼童剃头仪式于 2017 年 7 月列入州级非物质文化遗产代表性项目名录。

132
达斯拉玛尕布传说

　　达斯拉玛尕布意为尊贵的白羊山，是热贡十小圣地之一。达斯拉玛尕布传说是一则民俗故事，它的主要内容：有位善良而美丽的姑娘叫雅隆拉热，长大后被逼嫁人，因与婆婆关系不和而遭受磨难，最后她看破红尘遁入空门并修成正果。拉热姑娘回来时化作一只白雕，她降落的地方叫唐格尔勒，意为白雕顶。回到家乡后，她就在唐格尔勒附近的一个山洞里终生修行，靠着一只白山羊的奶生活。白山羊死后，她将白山羊焚祭并修建一座小佛塔，从此以后人们把她的修行岩洞称为尊贵白羊山，因而声名远播。

　　达斯拉玛尕布传说流传于泽库地区，由藏族同胞以口授相传和记录的方式传承。它是民间口述传承下来的民间故事，面临失传的危机，相关部门已采取一定的措施对这则民间故事进行整理和保护。这则由麦秀镇龙藏村代代相传的民间故事，具有较高的口传价值。达斯拉玛尕布传说展现了藏族人对美好生活的期望，体现了藏族人的古老文化，在人类学、民族学、民间文学等各种领域具有重要价值。达斯拉玛尕布传说以其丰富的表现形式，体现出独特的文化价值。

　　达斯拉玛尕布传说于 2017 年 7 月列入州级非物质文化遗产代表性项目名录。

133
热贡谚语

热贡谚语是由藏族民间集体创造、广为流传、言简意赅且较为定性的艺术语句，是藏族民众的丰富智慧和普遍经验的规律性总结。恰当地运用谚语可使语言活泼风趣，增强语言的表现力。

热贡谚语流传于同仁地区，由当地藏族传承，以口传心授和文本记录的方式传承。热贡谚语的特点：言简意赅、通俗易懂、喻意得体、语言优美自然，生动形象，艺术品位浓厚。因谚语的发展十分依赖语境，因此在千年的传承过程中不断流变。热贡谚语的传承因语句文本和受众不断流失而陷入困境，为了顺应大数据时代的发展要求，热贡谚语传承脉络是"口承—书写—电子传媒"的三维传承之路。热贡谚语

是人们从生活生产中积累的经验，教人分辨善恶，认清事物的本质特征和规律等，能够培养人的思维能力和语言能力。热贡谚语有效地传承了民族的传统美德，风俗习惯，是藏族悠久历史文化的见证和传承，同时也是一种优秀的语文课程资源。热贡谚语是藏族民间文学宝库中最为光彩夺目的一颗明珠，口口相传延续至今。

热贡谚语于 2017 年 7 月列入州级非物质文化遗产代表性项目名录。

134
河南蒙旗仙女湖传说

河南蒙古族自治县南部 45 公里处有一个清澈见底的小湖泊，当地群众称其为"拉姆兰措"，意为仙女湖，它是当地人心目中的圣湖。仙女湖由七个不同的小湖组成，分别代表七个不同的仙女。湖边有个仙女洞，传说如果继续往里走，能走到拉萨。里面有很多标志性的石钟乳塑像，每个塑像都有一个传说。这些传说大多数跟宗教有一定的关系，以仙女湖和仙女洞为核心的这片区域是河南县蒙古人民每逢猴年都必须去转一圈的神圣地域。

仙女湖的传说主要流传在河南蒙古族自治县。仙女湖有几百年的历史，传说有一位很有名的僧人在这个地方为仙女湖开光，当时这位僧人为了找到仙女湖，在藏民族聚居区的很多地方进行了走访、探查，花了几年时间才到达现在仙女湖所在的这个地区，到达这里以后，他在梦里得到神人指点，需要他开辟（开光）这里的仙女湖等有灵气的神山神水。梦醒后，他旁边放着斧头和铁棒，都是用来开辟仙女湖和仙女洞的工具。传说还记载了当时在仙女湖里能够看到龙宫和很多小型动物。作为蒙古族的民族民间文学，河南蒙旗仙女湖传说具有一定的历史文化研究价值，能够帮助人们更加具体地感受当地的文化。

河南蒙旗仙女湖传说于于 2017 年 7 月列入州级非物质文化遗产代表性项目名录。

135

五种特色藏医药制剂法

藏药中成品与汤剂等方剂药，可以依据配方成分和数量分为单方和复方两种，复方又可以分成两味和多味配方组成。五种特色藏医药制剂法是通过采用天然的藏药成分进行加工炼制而成的制剂，它是藏医药学中的特色制造技艺，用于治疗多种疾病。

五种特色藏医药制剂法流传于黄南州泽库县境内，由藏族同胞传承。传承人代表：加肉、公保东智、航杰等，主要以"师带徒"的方式传承。藏医学在人体生理解剖、病理和规律、疾病的诊断方法、治疗疾病的原则和方法、药学的基础理论和用药原则等方面具有独特之处。其中疾病治疗过程中藏医学根据病情轻重，疾病性质，选择相应治疗方法。五种特色藏医药制剂法具有独特的临床应用价值，重要价值表现如下：一、在临床实践中它不但能够解决用药短缺的困境，还能在治疗疾病的过程中具体用药和针对性治疗。二、在原有成品药的基础上加五种特色藏医药制剂法秘方药物能够起效快、药效强。三、通过挖掘藏医药古籍文献中的五种特色藏医药制剂法的理论，并将其应用到临床实践，能够对藏医药的传承、发展起到非常重要的作用。五种特色藏医药制剂法历史悠久，在医学、药剂学、民俗学等各种领域具有重要价值。

五种特色藏医药制剂法于 2017 年 7 月列入州级非物质文化遗产代表性项目名录。

136
西卜沙赛马节

西卜沙赛马活动是一项传统民间体育竞技项目。

西卜沙赛马节流传于黄南州泽库县境内，已有 300 余年的历史，由藏族同胞传承并在该地区群众中广泛流传。每年农历六月十三日至二十日举行，当天上午僧侣和宁玛派居士集体举行完祈愿法会后，下午正式开始赛马，为期半天。最初由本地区青壮年男子手持长矛、身骑骏马、高声呐喊，在疾驰中对前方事先准备好的标靶进行冲刺。后来发展成骑马使用枪支在一定距离对标靶进行射击。随着时代发展，由于在草原纠纷中经常发生枪支伤人事件，所以枪支全部被收缴并形成了目前带有体育竞技特色的赛马活动。赛马活动对参加者没有特定限制，只要是本地区的男子均可以参加。在比赛中取得一、二、三名的参赛者，奖品是寺院颁发的护身符，护身符既是一项很高的荣誉，同时也是一种美好的祝愿，表示在未来一年中拥有好运和平安。西卜沙赛马是罕有的将宗教与传统民间体育竞技有机结合的地域性民间活动，具有重要的传承与保护价值，宗教特色浓厚、历史悠久、群众参与范围广。

西卜沙赛马节于 2017 年 7 月列入州级非物质文化遗产代表性项目名录。

137

多禾茂希娘传统赛马会

　　希娘赛马会，藏语叫"希娘达究"。每年藏历的7月1日至5日在完青希娘举行规模盛大的传统赛马会，并已逐步成为多禾茂乡的一项传统民间体育竞技。

　　多禾茂希娘传统赛马会流传于泽库县境内，由藏族同胞传承。1984年第十世班禅大师圆满调解了官秀地区与邻县夏河县桑科乡的矛盾纠纷之后，第六世满仓活佛于1990年7月为纪念官秀与桑科乡矛盾纠纷的成功调解，而设立的体育竞技活动，称为希娘赛马会。近年来，随着希娘赛马会规模的不断扩大，吸引了大批邻县和邻省如：甘肃、四川等地区的近万名牧民群众前来观看比赛，截至目前，希娘赛马会已成为丰富群众业余生活，宣传泽库传统文化和畜产品等物资交流的重要平台。每年的藏历7月1日至5日举行规模盛大的传统赛马会，已逐步成为多禾茂乡一项传统民间习俗。多禾茂希娘传统赛马会作为一项传统的民间体育竞技活动，不仅体现了藏族人民对美好生活的期望，也体现地区民族间和谐相处、共建美好家园的期望。多禾茂希娘传统赛马会以丰富的表现形式，体现出独特的文化价值。

　　多禾茂希娘传统赛马会于2017年7月列入州级非物质文化遗产代表性项目名录。

138
太凯游戏

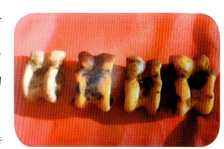

　　"太凯"系藏语，是羊的膝关节短骨。太凯游戏就是用很多个这种短骨来玩的一种游戏，这是牧业生态环境中才有的一种游戏。牧民们为了找到一个大家都感兴趣并可以从生活中找到游戏用具的玩法，就用羊的膝关节短骨发明了这种游戏。

　　太凯游戏流传于黄南州河南蒙古族自治县，由藏族、蒙古族传承。这种游戏结构简单，规则明了，工具便捷，玩法容易掌握，因此形成了固定的娱乐模式，它能积极发挥个人特长，也能提高生活乐趣，是牧民群众不可缺少的游戏之一。对蒙古族牧民来说，太凯游戏作为一种娱乐活动为人们提供了放松心情的机会，在游戏中可以更好地与亲朋好友交往，增进人与人之间的情谊，锻炼脑力，启迪智慧，使他们的生活更加的丰富。太凯游戏作为一项传统的民俗活动，体现了藏族、蒙古族人民对美好生活的期望。太凯游戏历史悠久，体现了藏族、蒙古族普遍的消遣娱乐方式。太凯游戏以丰富的表现形式，显现出独特的文化价值。

　　太凯游戏于 2017 年 7 月列入州级非物质文化遗产代表性项目名录。

139

扎毛龙鼓舞

扎毛龙鼓舞是同仁地区一项以舞蹈为主要内容的民俗活动。在农历正月初三到初六表演，节目共分十三段：第一段"拉西禾包"，意为拜神祈将；第二段"达乃核交乎吉"，意为黑马戴绊；第三段"诺日干曲"，意为如意旋宝，即太极图；第四段"东杂由曲"，意为右旋白海螺；第五段"杂杜羊曲"，意为聚宝发财，含有福、禄、寿和善良的意思；第六段"夏什则"，意为大阴舞；第七段"浪乃海兹玛"。意为黑旋风；第八段"唐杂西合落"，意为白雕鼓翅；第九段"达杂各当"，意为白马奔雨；第十段"宣尔当"，意为传说中的置尔人舞；第十一段"察旦吉什则毛"，意为算数露室的量；第十二段"克什则"，意为独舞；第十三段"嘎尔"，意为歌舞。

扎毛龙鼓舞流传于黄南州同仁地区，以集体表演的方式传承。扎毛龙鼓舞在

各村寨的表演一般持续三至五天，村与村之间还要互访表演，在演出开始之前，各村都要进行煨桑、念经等祭祀活动，舞蹈的动作和队形变化十分丰富。扎毛龙鼓舞是集祭祀山神、二郎神、龙神及其他地方保护神的舞蹈，也是一种融苯教、佛教、道教等多种信仰于一体的大型祭神民俗庆典活动，目的是祈求各路神灵保佑地方风调雨顺、平安吉祥。它是热贡地区民间宗教保持多神崇拜的原始形态，更是民间艺术得以存活而又兴盛不衰的根本所在。

扎毛龙鼓舞于 2017 年 7 月列入州级非物质文化遗产代表性项目名录。

P40
黄金烧制打磨技艺

黄金烧制打磨技艺是一项由绘塑艺人在生产劳动中总结创造的传统工艺，体现地域优秀传统文化的典型性、代表性，这项技艺具有突出的历史、艺术和科学价值。

黄金烧制打磨技艺流传于黄南州尖扎地区，由藏族同胞传承。传承人代表：才本加、万玛当知。黄金烧制打磨的过程：一、煞金，将金砸成薄薄的金片，用剪刀剪成细细的金丝，将金丝和汞（水银）按照 1∶6 的比例混合后加热至 600—800 摄氏度，即用水银溶解黄金，生成金汞齐，泥状混合物；二、开金（分金汞），待金溶解后，倒入冷水盆中，使之成为稠泥状，准备白色棉布袋，把金汞齐泥状混合物倒入棉布袋，用手（戴橡皮手套）挤出汞（水银），剩下的倒入铁碗或不锈钢碗；三、洗金，将 50% 硝酸（古时候用盐和矾混合物）倒入碗中用水冲洗，冲掉硝酸化合物；四、烧金，冲洗后的那部分用火加热 300—500 摄氏度时金子慢慢由白色变成黄色；五、磨金，用玛瑙或硬度达到七八度的玉石打磨粉碎；六、制金泥，金粉加牛皮胶加热水用手磨 5 至 6 天后热水清洗几次就变成金泥；七、制金汁，金泥加胶加热水适量，后用手指搅一搅，用毛笔、蘸笔可以写字画唐卡。烧制打磨后的金子纯度高（纯度为 100%），它颜值好，烧制打磨后的金汁画唐卡具有极大的收藏价值，书写的经书阅读不伤眼、千年不变色。

黄金烧制打磨技艺于 2020 年 7 月列入州级非物质文化遗产代表性项目名录。

金汁书写技艺

金汁书写是一项特色文化技艺。用金汁书写的金书更是珍贵殊胜，金汁千年不朽，藏纸千年不腐，可谓珠联璧合、价值连城。

金汁书写技艺流传于黄南州尖扎地区，由藏族同胞传承。传承人代表：彭合日、才让项毛、夏吾多杰，主要以培训教授的方式传承。2012开始书写的《宗喀巴文集》《阿旺丹德尔文集》《金光明最胜王经》《金刚经》《解脱经》等各种大大小小金书，被很多寺庙、公司及个人收藏，其中《阿旺丹德尔文集》已被内蒙古阿拉善左旗档案局收藏。这些金汁书写的金书是中华人民共和国成立后传承和弘扬优秀传统文化的第一批金汁书写的金书，弥足珍贵。2016年培训30名学生，传授藏纸制作加工技艺、金银烧制打磨技艺和金银汁书写金书技艺，并书写完成《菩提道次第广论》《密宗道次第广论》等100余种金书。金汁书写金书是一项特色文化产业，有突出的历史、文学、艺术和科学价值，体现地域优秀传统文化的典型性、代表性。

金汁书写技艺于2020年7月列入州级非物质文化遗产代表性项目名录。

112
藏族鹰笛制作技艺

在藏族聚居区，骨笛又叫作"当浪"，它是藏族的一项传统乐器。它的音色有很强的穿透力和感染力，在藏民族的心目当中，鹰是神鸟。传说中，鹰在生命的最后时刻会冲着太阳飞去，直到化为灰烬。人们将海拔4000米以上的雪山上发现的鹰骨制成骨笛，显得珍贵又神圣。

藏族鹰笛制作技艺流传在青海、甘肃、四川等藏族聚居区，尤其在青海尖扎县一带流传甚广，由藏族同胞传承。传承人代表：久美多杰、罗啸、班玛项青，主要以家族传授的方式传承。先辈们点燃篝火，架起猎物，围绕捕获的猎物边进食边欢腾歌舞，并且利用飞禽胫骨钻孔吹之，由此诞生了骨笛。"鹰笛"可以奏出十二音律，并可以上两个八度，完全可以适应乐团的演奏。骨笛具有浓郁的地方特色和粗犷奔放的旋律，其中"鹰笛"是藏族游牧民群众从古至今相传下来的特别神圣而又非常古老的乐器。"鹰笛"是来自大自然的乐器，是受到大自然的灵性所滋润的，

现代乐器难以代替蕴含了几千年来音乐艺术基因的"鹰笛"，是祖先留下的宝贵文化遗产。"鹰笛"已不仅限于吹奏牧民们辽远的放牧小调，而是更多在剧团中演出。

藏族鹰笛制作技艺于2020年7月列入州级非物质文化遗产代表性项目名录。

143

青稞酿酒技艺

青稞酒，藏语叫作"尼羌"，是用青藏高原生产的一种主要粮食——青稞制成的。它是藏民族最喜欢喝的酒，逢年过节、结婚生子、迎送亲友都必不可少，是藏族人待客的最佳饮料。

青稞酿酒技艺流传于尖扎县，由藏族同胞传承。传承人代表：拉旦、索南多杰、旭日杨宗等，共有20人左右，主要以技能培训的方式进行传承。拉旦农产品加工合作社积极走"合作社 + 青稞酒加工 + 饲料加工 + 市场"的农业产业化经营模式进行手工技艺的传承和保护，并在直岗拉卡周边村落进行黑青稞酿酒制作技艺的培训。青稞酒在青藏高原有着非同一般的地位，与当地的经济、文化、习俗息息相关。该技艺以青藏高原特有的粮食作物——黑青稞为原料，在继承古老传统生产工艺的基础上，用无污染的天然优质矿泉水科学配料、精心酿造、久储自然老熟而成。以青稞酒为载体的藏族酒文化，以其特有的魅力享誉海内外，成为中国乃至世界酒文化百花园中的一枝独秀。从2008年起大量生产黑青稞酒，并销往青海、甘肃、四川等藏族聚居区，带动了尖扎直岗拉卡村青稞酒加工等产业的发展，借助行业信息的传播和媒体的宣传，已基本形成了完善的销售、服务网络和全方位综合服务体系，以"规模化生产、产业化发展"为策略，进一步促进了尖扎县青稞酒加工业的发展。

青稞酿酒技艺于2020年7月列入州级非物质文化遗产代表性项目名录。

藏族牧区服饰制作技艺

194

泽库地区藏族服装是拥有悠久历史的服装，是结合了当地的自然环境条件和藏族信仰文化的民族服装，其地域性特征明显。

泽库藏族牧区服饰制作男性服饰通常包括：头戴皮帽或氆氇帽，上身穿长袖藏袍，颜色多以黑、蓝为主，袍子的领口、袖口和下摆常有彩色绲边装饰，腰间系一条宽大的氆氇腰带，脚穿长筒靴，冬季为了保暖，还会披一件羊皮大氅。女性服饰则更为华丽繁复，她们的服装色彩丰富，多用氆氇或者丝绸制作，上身穿着对襟长袍，袍身绣有精美的图案，如吉祥八宝、龙凤、花卉等，袖口、领口、裙摆处同样饰以彩色绲边，腰部紧束彩色绸带或腰带，突出身材线条。头发梳成辫子，戴上各类金银饰品和珠宝，头戴精致的毡帽或者裹上多彩的头巾。

藏族牧区服饰制作技艺于 2020 年 7 月列入州级非物质文化遗产代表性项目名录。

145
藏文竹笔制作技艺

藏文书法是藏族文化艺术的重要组成部分。藏族文字的笔画构成特殊，所以藏族人民在书写文字时仍然使用延续一千多年的竹制笔，藏文竹笔的制作是一项非常细致费工、费时的技艺，需要很高的工艺要求和技术要求。通过劈，削、刻、发酵、油浸、熏烤等工艺，笔才得以书写流畅，刚柔适度。

藏文竹笔制作技艺流传于黄南州尖扎地区，由藏族传承。传承人代表：才让多杰、多杰加。藏文竹笔的制作需要经历一系列过程：首先需要在夏季选择吸水性强，质地紧密且直线纤维长而质地优良的竹料（"大茶"包装中的毛竹条是最好的制笔材料）进行初步加工；初具形态后，埋入马粪中发酵几个月后取出晒干，浸泡于液态状的油脂中，用温火蒸煮数小时或浸泡三十天左右；根据书写笔的要求和个人运笔习惯进行细加工。制作成的竹笔距笔尖1—2厘米处应有竹笔突起，笔尖形似现代硬笔书法笔（钢笔）笔尖，具备现代钢笔笔尖特征，包括尖、背、凹心、水槽。书写藏文的八宝墨是用金、银、珍珠、珊瑚、白海螺、红树汁、朱砂、绿松石研磨而成，这使得藏文竹笔书写的书法更具很高的收藏价值。

藏文竹笔制作技艺于2020年7月列入州级非物质文化遗产代表性项目名录。

尖扎泥塑 146

雕塑主要包括泥塑、木雕、砖刻、石刻等，其中泥塑最为发达。泥塑分为单色泥塑和彩塑，泥塑艺术的成熟期约在17世纪中叶至19世纪初期，这个时期的塑像造型完美生动，神态刻画惟妙惟肖，服饰衣褶既简练流畅，又富于质感，既玲珑剔透，又雅致大方，色彩对比强烈又鲜艳协调，有单色泥塑和彩塑两种。

尖扎泥塑流传于黄南州尖扎县境内，由藏族同胞传承，主要以培养人才的方式传承。塑像的取材范围也十分广泛，除以日月星辰、山川草木、鸟兽虫鱼作为装饰纹样和陪衬物外，往往还根据佛教故事或佛教经典的需要塑彩色形象，如奇谲多样的护法神、面目嗔怒的金刚、马头红发的本尊，神态各异使

人敬畏。尖扎泥塑的制作首先选择所塑对象的瞬时表情与形体动态，让人们从静的形象间接把握与这一物体形态相联系的潜在内涵，到21世纪，雕塑艺术群体队伍不断壮大，泥塑品日渐增多。随着新时代的到来，雕塑在尖扎地区占有显著的地位。雕塑艺术在藏传佛教、民间美术、造型艺术等方面具有重要的艺术价值。

尖扎泥塑于2020年7月列入州级非物质文化遗产代表性项目名录。

147
藏式面具制作技艺

　　面具，藏语音译为"巴合"，是指用纸、布、木、金属、土、石等为原料制作而成的可戴在头上进行宗教仪式、舞蹈、戏剧、歌舞等表演或供祭祀供奉、膜拜观赏用的人物和动物的面部造型艺术形式。原始宗教信仰观念和生灵崇拜、神灵崇拜、祖先崇拜、图腾崇拜是藏族面具得以形成的基础。

　　藏族面具制作技艺流传于青海涉藏地区，由藏族同胞传承。传承人代表：银杰、开曲乎活佛、冷本等，主要以宗教活动的方式传承。藏族面具艺术是人类社会生活中的典型面孔，是藏族社会发展的缩影。藏式面具首先选定面具对象，用薄布撕成小块用骨胶和面胶在面具坯型上层层紧贴加裱至一定厚度为止。待布胎干后，用快刀将其表面削平修整，再用浓缩的"白土浆糊"涂抹布胎表面，泥浆干之后，先用粗、细砂布砂平，再用磨石耐心打磨，并用竹篾及皮绳固定面具内部。最后赋彩精绘，刷漆定型，色彩对比强烈醒目，清漆涂面，显得浮光闪亮，烘托出面具凝重、威严深奥莫测的神态。

　　藏式面具制作技艺于2020年7月列入州级非物质文化遗产代表性项目名录。

148
安多荣拉服饰制作技艺（农区藏服）

藏族服饰，藏语称为"沃拉"，因为生活居住的地理区域不同所以人们的服装也有区别，在尖扎大致可分为安多"卓拉"和"荣拉"（牧区服装与农区服装），也有冬装和夏装。他们长期在高原深处放牧种田，注重大自然的环境变化和规律。为了应对高原气候多变，在千百年的劳动发展过程中，农区藏族创制了自己独特的服装，即安多"荣拉"藏族服饰。

安多荣拉服饰制作技艺（农区藏服）流传于安多地区，由藏族同胞传承，以家族传授的方式传承。藏族服饰有抵御高原寒冷气候和冬寒夏凉的特点，创新了符合地理环境和高原气候的服饰制作技艺。随着人们物质生活水平的提高、新时代文化潮流的不断侵扰、农牧民群众经济生活日益增长、思想观念的不断转变，以及旧地村落一一搬迁移民的影响状况下，如今藏族服饰已成为节日着装，其使用价值正逐渐降低。安多荣拉服饰制作技艺下的许多产品销售到省内外各地，取得了良好的社会效益和经济效益，并得到了买家的信誉和一致好评，经过多年的努力，安多荣拉服饰制作技艺得到了创新和发展。

安多荣拉服饰制作技艺（农区藏服）于 2020 年 7 月列入州级非物质文化遗产代表性项目名录。

149

吉尔克（达拉饭）制作技艺

吉尔克（达拉饭）是民间饮食文化中最具特色的民族饮食，集藏民族饮食文化的精华、民间的技艺于一身。它的制作需要达拉（酪浆）、盐、葱、清油、面条等。

吉尔克（达拉饭）制作技艺主要分布于黄南地区，特别在尖扎县影响深远，由藏族同胞传承。传承人代表：南错、扎西错、项果，以家族传授的方式传承。为适应大自然的需要，人们发挥智慧和力量，显出自己的地方特色，展现本土文化的传承技艺。吉尔克（达拉饭）既能解酒润口，又能开胃，治胃肠炎。它可以推动饮食的市场发展和促进文化消费，极具推广和传承的价值。藏族民间"吉尔克"具有很高的营养价值，能够为当地人提供所需的身体微量元素，为肠道提供益生菌。藏族民间"吉尔克"作为一项传统的烹饪技艺，展现了藏民族对美好生活的期望。藏族民间"吉尔克"的历史悠久，体现了藏族人民久远的饮食文化，在营养学、烹饪技术、食疗等领域具有一定价值。吉尔克（达拉饭）以高原独有的食材，体现地方性饮食文化。

吉尔克（达拉饭）制作技艺于 2020 年 7 月列入州级非物质文化遗产代表性项目名录。

150

俄尔恰（抛石绳）制作技艺

俄尔恰（抛石绳）是藏族牧民随身携带的放牧工具，在历史上它曾被用来作为狩猎防身工具，逐渐发展为藏族牧民极具特色的传统体育项目。藏族牧民们使用的抛石绳和考古学界定名的"飞石索"有着一定的相似性。

俄尔恰（抛石绳）制作技艺广泛流传于藏族聚居区各地，以游牧方式为主的泽库老年人全体都会俄尔恰（抛石绳）。传承人代表：拉玛才让、扎多、旦正项杰，以民间普遍使用的方式传承。藏族聚居区多数牧民能够利用抛石绳准确打中目标，而且能用抛石绳打击企图偷袭畜群的狼、豺和狸等野兽。俄尔恰（抛石绳）制作技艺具有多种价值：一、使用价值。藏族牧民普遍使用抛石绳作为放牧和防止野兽袭击牲畜的工具；二、研究价值。在历史上它曾被用来作为狩猎防身工具、军事武器和占卜工具。当今抛石绳所承载的社会功能更加丰富，它不仅作为牧区藏族的一种艺术表征形式，而且被藏族现代体育项目吸收进来，发展为一项强身健体的民间体育竞技项目。《格萨尔》为主的藏族传统史诗中出现很多有关抛石绳（俄尔朵）的记载，其民俗文化值得研究。

俄尔恰（抛石绳）制作技艺于2020年7月列入州级非物质文化遗产代表性项目名录。

151
藏族毛绒结编技艺

　　藏族毛绒结编制技艺是一种极具民族特色的传统手工艺，尤其以藏族牛羊毛结编技艺最为著名。黄南地区藏族毛绒结编技艺主要流传于尖扎县多加地区。

　　多加地区藏族毛绒结编技艺主要传承人代表有：宗巴，尖参、普尔泽等，藏族毛绒这一技艺体现了藏族人民在长期游牧生活中积累的独特智慧和艺术创造力，主要使用当地所产的牛羊毛为原料，经过一系列复杂的传统工序，如选料、梳洗、染色、梳理成线，再到手工编织成各类产品，包括但不限于地毯、衣物、帽子、垫子、褡裢等生活用品和装饰品。藏族牛羊毛编织技艺的特点在于其全手工操作，保持了古朴而精细的风格。编织过程中常采用擀制技术，将湿润后的羊毛层层叠加、压实，使其自然粘连成为致密的毡片，再通过不同的编织方法形成丰富多彩的纹理和图案。

　　藏族毛绒结编技艺于 2020 年 7 月列入州级非物质文化遗产代表性项目名录。

152
黄南牦牛酸奶酿造技艺

牦牛酸奶是藏族民间非常传统的奶制饮品，青藏高原牦牛酸奶有着上千年制作历史，传统发酵牦牛酸奶中蕴藏着丰富而具有特殊生物学功能的乳酸菌，是全球极端环境条件下宝贵而特有的乳酸菌种质资源。牦牛酸奶营养丰富，有助于消化和睡眠。牦牛酸奶表层为含奶油的黄色硬脂奶皮，扒开奶皮，软嫩黏稠的酸奶像豆腐脑一样洁白如雪，芳香扑鼻，入口酸甜，凉爽宜人。

黄南地区牦牛酸奶制作技艺在藏族同胞中普遍流传，藏族妇女广泛掌握酸奶制作技艺。酸奶主要原料是新鲜牦牛奶和酸奶菌种。将牛奶倒入锅中，用中小火加热至 80—85 摄氏度，保持此温度 2—3 分钟进行杀菌，然后自然冷却到 40—43 摄氏度。这个过程主要是为了杀死牛奶中的有害细菌，同时又不破坏牛奶的营养成分。待牛奶冷却到适宜温度后（通常为 40—43 摄氏度，这是大部分乳酸菌最适宜生长的温

度），将酸奶菌种加入牛奶中搅拌均匀，使菌种分布在整个牛奶中。将混入酸奶菌种的牛奶放入炉子旁边，如酸奶机或用毛巾包裹住容器放在温暖的地方，保持恒温 40—43 摄氏度，让其自然发酵 6—10 小时。具体时间根据室温和个人口味调整，时间越长，酸奶会越酸。酸奶食用根据个人口味加入白糖。

酸奶酿造技艺于 2020 年 7 月列入州级非物质文化遗产代表性项目名录。

153

牛羊骨装饰制作技艺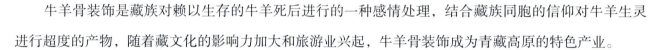

　　牛羊骨装饰是藏族对赖以生存的牛羊死后进行的一种感情处理，结合藏族同胞的信仰对牛羊生灵进行超度的产物，随着藏文化的影响力加大和旅游业兴起，牛羊骨装饰成为青藏高原的特色产业。

　　牛羊骨装饰制作技艺流传于黄南州泽库县等地，由藏族同胞传承，当地工艺品艺人广泛掌握这门技艺。现如今的牛羊骨装饰品种、款式越来越多，也印刻上了更多的时代印记。随着社会的发展，牛羊骨装饰的作用发生了很大变化，古老记忆和现代元素相交融，牛羊骨有着更多的功能。随着人们生活水平的逐渐提高，对家居装饰等要求也越来越高，很多人喜欢在家里、办公室等场所的墙壁上悬挂装饰挂件，其中就不乏牛羊骨装饰。牛头饰品以其高大、饱满，犄角由粗渐细、角尖锋锐、双角对称、弧似流线、圆润光滑为最佳的品类，因其能表现出一种历经沧桑、浩气荡然、胸怀博大的西部精神为人们喜爱；羊头饰品以其双角对称、犄角长而弯多为佳，角形弯弯悠悠，有一种似歌似舞的韵味和旋律感。因其能展示出腼腆温和的好客性格为人们青睐。随着时代的发展，人们生活中出现了大量的新物品，但一直生活在草原上的泽曲牧人，将传统生活中常见的牛羊头装饰制作技艺代代相传。

　　牛羊骨装饰制作技艺于 2020 年 7 月列入州级非物质文化遗产代表性项目名录。

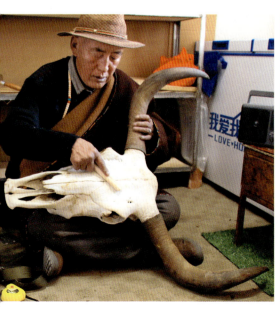

154
泽库传统木雕技艺

泽库传统木雕技艺,是为了传承发扬家族传统手工艺和继承保护藏民族传统佛教的各种手工艺。该技艺主要采用沉香和檀香木料,按照广大消费者的要求,用雕刻和打磨等手法制作佛珠、佛塔、多玛、金刚橛、摇鼓、护法鼓、婴儿护身符、打卦骰子、福箭等各种佛教用品和日常工艺品。

泽库传统木雕技艺流传于黄南州泽库县境内,由藏族同胞传承。传承人代表：久美才项,他成立了非遗综合传习中心,先后投资 50 余万元,主要以师带徒的方式传承。目前该技艺传习中心有徒弟 20 余人,占地面积 1686 平方米,主要有展览室、加工厂房、办公用房等。2018 年收入达 11 万元。佛珠、佛塔、多玛、金刚橛、摇鼓、护身符、护法鼓、打卦骰子、福箭等传统礼佛用品,制作的要求极为严格,是现代机器难以代替的手工艺品,具有很高的历史文物价值和手工艺制作价值。泽库传统木雕均按佛教的要求标准来雕刻,对雕刻要求高,难度大。泽库传统木雕技艺的历史悠久,它体现了藏族人民的古老文化,在人类学、民族学、民俗艺术等各种领域具有重要价值。泽库传统木雕技艺以丰富的表现形式,体现出独特的文化价值。

泽库传统木雕技艺于 2020 年 7 月列入州级非物质文化遗产代表性项目名录。

155
风干牛肉制作技艺

　　风干牦牛肉制作技艺是一项牧区藏族传统的有机食品加工技艺。风干肉一般在十一月底制作，气温都在零度以下。将牛、羊肉割下来，加以秘制配方后放阴处晾干，不能暴晒，让其冻结风干。草原牧民自古就有晾晒牛肉干的习俗，风干牦牛肉是招待贵客的食品。

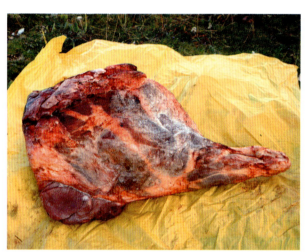

　　风干牦牛肉制作技艺流传于泽库县境内，由藏族同胞传承，被牧区群众广泛掌握。牛肉干的制作首先要选择上等的原料，其次是制作工艺和制作时间，晒干时还得掌握好时间，道道工序都得紧密把关。泽库大草原，是天然的草牧场，水草丰美，牛羊产量丰富，风干牛肉干在保留传统手工艺基础上，结合现代工艺配料，规模化生产，市场前景非常好。精心制作出来的风干牦牛肉，口味地道，营养丰富，适合各类人群食用。风干牦牛肉干保证了天然原味，可以提高抵抗力和免疫力，既含有人体所需的多种矿物质和氨基酸，又保持了牛肉耐咀嚼的风味，久存不变质。风干牛肉制作技艺历史悠久，流传普遍，它体现了藏族人民的古老文化，在人类学、营养学、民俗学等各个领域都具有重要价值。风干牛肉制作技艺以淳朴的手法，体现出游牧饮食天然绿色的饮食理念。

　　风干牛肉制作技艺于 2020 年 7 月列入州级非物质文化遗产代表性项目名录。

156
热贡藏刀锻制技艺

　　藏刀，是青藏高原久负盛名的传统工艺品，历史悠久，风格独特。因地区不同样式也不尽相同，其中扎毛蝴蝶滩藏刀，具有 100 多年历史，造型优美，线条明快，工艺精湛。它不仅是生活用具，也是别致的装饰品和馈赠亲友的上乘礼物。

　　热贡藏刀技艺流传于黄南州同仁地区，由藏族同胞传承。据传说是纪念藏族英雄折勒干布命名，又将热贡藏刀称作为"折勒干布刀"，简称"折刀"。热贡藏刀有六种不同的样式，规格有 5—12 寸 8 种。刀面上镂刻着具有特色的各种图案。刀柄由黄铜、红铜、牛角等不同材料加工而成，十分耀眼。最具有特色的是扎毛藏刀，刀身镶配着一双银筷子，拆卸方便，很具有实用性和收藏性。热贡藏刀具有生产、生活、自卫、装饰 4 种用途，已有 1600 多年的生产历史，做工讲究，现代热贡藏刀取材更加讲究，刀身用汽车减震弹簧钢锻造，刀柄用水牛角、牦牛角、牛骨头、白铜、原木等材质。精美的藏刀大都出自能工巧匠之手。由于锻打精致、镂刻细腻、色彩夺目、并附有藏文，系有五颜六色刀穗，形成别具一格的藏族工艺品。朋友乔迁、结婚或家中添丁时，送上藏刀会具有特别的纪念意义。热贡藏刀技艺在工艺制作、民俗艺术等领域都具有重要价值。

　　热贡藏刀技艺于 2020 年 7 月列入州级非物质文化遗产代表性项目名录。

157

唐卡装裱技艺

唐卡装裱技艺是一项传统手工技艺。在唐卡绘制完毕后，为了更好地装饰、保护、装藏唐卡，对唐卡进行装裱。唐卡装裱过程被视作一项精巧复杂的独特技艺。

唐卡装裱技艺流传于同仁地区，由藏族、土族同胞传承。传承人代表：夏吾本、卓玛吉、完代措吉。唐卡装裱技艺程序有五个步骤：一、先缝内衬再缝外衬，内外衬不露针脚，要求细密、结实；二、缝制天边、地边。天边是顶上的宽锦边，两旁还要缝上两根做工精致的吊带；三、缝遮幔。遮幔是一块从上至下覆盖唐卡的丝绸，要求平展透明。其作用是遮挡尘土，防光线损害，增加神秘庄严感。佛像遮幔多用黄色，护法神多用杂色，有单幅悬垂的，也有双幅开合的，不做佛事，一般不开遮幔。遮幔上还要绣制两根厚重的锦缎绸带，以免遮幔被风吹动掀起；四、装天杆、地杆。天杆、地杆是收卷或悬挂唐卡的木棍，缝制在顶部和底部；五、缝画芯，以上所有装裱工作完成后，再将唐卡画芯缝制于补背预留位置。唐卡装裱技艺具有多种价值：一、文化传承价值。唐卡的装裱是唐卡这门传统民族文化不可或缺的一部分，一直以来就备受重视；二、审美艺术价值。唐卡的装裱工艺和展示供养形式不仅仅只是对唐卡外表造型的装饰美化，其装裱形式、组件构成、色彩搭配、功能有着深邃的象征性内涵；三、经济价值。唐卡装裱技艺衍生出唐卡装裱行业，推动了当地经济的发展，解决了农牧民的就业，增加了收入。

唐卡装裱技艺于2020年7月列入州级非物质文化遗产代表性项目名录。

158

阿柔丹雪（酸奶）制作技艺

阿柔丹雪（酸奶）是河南蒙古族自治县宁木特镇独有的饮食之一，它历史悠久、味道天然，是地道的传统民族饮食。

阿柔丹雪（酸奶）制作技艺主要流传在黄南州河南蒙古族自治县，藏族与蒙古族同胞均有传承，以日常饮食制作的方式进行传承，传承代表人有才华加、卓吉、公保措等。酿造酸奶的工艺流程：首先在锅里烧开纯牛奶；然后灌在木桶里，等到热牛奶温度降到三四十摄氏度后放酸奶粉（酸奶粉由新鲜酸奶滴净、晒干而成）；木桶上下左右都要羊皮长袄严实盖住，存放24个小时后酸奶发酵完成，再进行5个小时左右的冷藏便可食用。阿柔丹雪（酸奶）营养丰富、易于消化、既能充饥、又能消渴、颜色自然、味道可口。阿柔丹雪（酸奶）代表着吉祥、美好、圆满，在各类大型的宴席、节日等场合是必要的饮食之一。酸奶有润肠消食的功效，因为酸奶中含有丰富的有机酸，这种有机酸，可以促进胃酸的分泌对食物消化有着很大的帮助，同时经常喝酸奶也有助睡眠。此外，经常喝酸奶还可以降血脂，酸奶里面含有乳酸，可以降低血液中的胆固醇。

阿柔丹雪（酸奶）制作技艺于2020年7月列入州级非物质文化遗产代表性项目名录。

159

阿柔黑帐篷制作技艺

自古以来，藏族牧民没有固定的居所，逐水草而居。人们在流动放牧的实践中创造了拆装简易、便于搬迁、冬暖夏凉、方便而又实惠的暖屋。因从事畜牧业有大量的牛羊毛，牧人们把粗长的牛毛捻成毛线，再织成褐料，这种具有干松湿紧特性的褐料很快成了牧人御寒的最佳选择。长条形的褐料缝缀在一起，中间用木棍高高挑起，四周再用石块压牢，这便是黑帐篷的雏形。

阿柔黑帐篷制作技艺流传于黄南州河南蒙古族自治县，传承人主要为当地的藏族同胞，传承人代表有拉叶、索罗、南木力等，以家族传承的方式进行传承。阿柔黑帐篷制作技艺不仅改善了牧民的生活环境，而且因其独特的制作技艺和外形成为高原的一大独特景观。帐篷是藏族牧民家庭不可缺少的生活

用品，是他们的栖息之所。牧民过着游牧生活。由于不断地迁徙，为了御风避寒，他们创造出帐篷这种能够方便携带的住所，他们走到哪里，便将帐篷带到哪里，帐篷就是他们的家。在高原，黑帐篷是牧民暖心的家，也是草原靓丽的风景线。阿柔黑帐篷制作技艺朝着高品质、特色文旅迈进，是提档升级草原文化的重要体现，有利于打造草原精品旅游产业，阿柔黑帐篷制作技艺能够为游客们提供具有地方特色的旅游环境。

阿柔黑帐篷制作技艺于 2020 年 7 月列入州级非物质文化遗产代表性项目名录。

160
蕨特勒（酥油糕）制作技艺

"蕨麻"为藏语，意为人参果。蕨麻是当地牧民群众传统且重要的食物，煮熟后可以食用，可配于大米、酸奶等食物中。蕨麻生长于高原地区，暮春时在草地上挖蕨麻，需要恰当的时机，必须在蕨麻的根茎未发芽前采挖，否则不可食用。蕨麻采挖后，先清洗干净，然后晒干。人们通过蕨特勒制作技艺将蕨麻煮熟，并举行相应的宴席，邀请亲朋好友来品尝这种美食。

蕨特勒（酥油糕）制作技艺自蒙古族扎营在河南县这片土地开始一直流传至今，有着悠久的传承历史，由蒙古族同胞进行传承，且这门技艺在牧民群众家中广泛使用。传承人代表：杨考，以记录与日常食用的方式进行传承。食用蕨麻的历史悠久，食用的方法产生于牧民群众的日常生活中。蕨特勒作为自家食用及招待客人的主要食品，与牧民生活环境息息相关，是在过节、设宴时不可缺少的一种食物。它体现了黄河南牧民群众的饮食文化，为中华民族饮食文化增添了新的元素和内容，也发扬了民间传统的独特的饮食手工技艺。作为传统的饮食习惯，牧民在蕨特勒制作技艺的基础上，加以创新，使其越来越讲究，制作技艺也越来越成熟。

蕨特勒（酥油糕）制作技艺于 2020 年 7 月列入州级非物质文化遗产代表性项目名录。

161
奥啁奶饼制作技艺

"奥啁奶饼"是河南蒙古族自治县草原上的传统美食之一，奥啁奶饼的做法是在面粉中倒入牛奶和极少的盐或糖搅拌均匀之后，放到锅里油炸即可。主要原料有面粉、牛奶、盐或糖。奥啁奶饼是一道素食，是自家使用及招待贵客的特色素食食品。平时在家不吃肉或招待吃素客人时会做奥啁奶饼，做法简单方便，耗时短，是牧民群众生活中一道普遍制作的美食。

奥啁奶饼制作技艺自蒙古族扎营在河南县这片土地后，流传至今。蒙古族牧民群众广泛使用这门技艺，传承人代表：李科。奥啁奶饼与牧民生活息息相关，而且美味可口。它体现了河南牧民群众的饮食文化，弘扬了民间传统的独特饮食手工技艺。奥啁奶饼深受人们的喜爱，其中有丰富的蛋白质、维生素 B 族、钙和多种有利于人体的微量元素，是营养丰富的奶制品。它适宜的人群非常广泛，如儿童、青少年、孕妇、更年期女性，以及需要补充体力的老年人和体质较弱的人群。

奥啁奶饼制作技艺于 2020 年 7 月列入州级非物质文化遗产代表性项目名录。

162
粑勒肉饼制作技艺

"粑勒"系蒙古语，意为油炸肉馅饼，是河南草原上的主食之一。粑勒肉饼与油炸糖糕相似，不同的是粑勒肉饼皮为死面，馅为纯肉，粑勒肉饼除了作为待客食品外，还当作远行时的口粮。

粑勒肉饼制作技艺广泛流传在黄南州河南蒙古族自治县，牧民群众广泛使用这门技艺，传承人代表：格加。粑勒肉饼的制作首先需要将无骨牛肉或羊肉两手执刀对割，左刀主要固定肉块，右刀主要反复切割，直至肉块成馅；后切野蒜，然后混在一块，再加适量的盐稍作腌制；接着要压面，包法一如包包子，后压扁；最后改蒸为炸。粑勒肉饼炸出以后，外焦内软，十分可口。粑勒肉饼的外表酥脆金黄，肉馅可口弹牙。粑勒肉饼是自家食用及招待客人的主要食品，同时与牧民生活环境息息相关，是过节、设宴时不可缺少的一种食物。粑勒肉饼是畜牧食材与农耕食材的有机结合体，从中可以看到各民族相互融合的饮食文化痕迹。它体现了河南牧民群众的饮食文化，对中华民族饮食文化作了补充，也弘扬了民间传统的独特的饮食手工技艺。

粑勒肉饼制作技艺于2020年7月列入州级非物质文化遗产代表性项目名录。

163

乌兰缨帽制作技艺

乌兰缨帽是河南县蒙古族独具特色的一种帽子，乌兰缨帽的外形像一个马蹄，该帽子最初是从蒙古族马背文化意象中产生出来的。"乌兰"是蒙古语，意思为"红色"，因为帽子顶上留有很多根红色的缎线，当地人称缎线为"嘉拉"，因红色的缎线把帽子起名为"乌兰缨帽"。

乌兰缨帽制作技艺流传于黄南州河南蒙古族自治县，传承历史悠久，由蒙古族、藏族传承。传承人代表：李科，以记录和家族相授的方式传承。制作过程：首先根据主人的头部大小，量出衬毡尺寸，进行剪裁切割成帽子的形状；接着按衬毡裁好上面粘缝的布料（一般

是用丝绸、缎子等布料）；然后在顶部用氆氇封顶；封顶后把狐狸皮根据帽子的样形进行精细的剪裁，粘缝在擀毡帽子的内部，对帽子的边进行修饰；最后对帽子的后部进行修饰封闭，用各种颜色搭配，其中蓝色用在最上面。最上面使用蓝颜色的原因据说是蒙古族对蓝天具有特殊的信仰，最后缝挂上红色缎线。该帽子在海拔高，气候寒冷的地方既适合头部保暖又增加外表装饰，它也是节庆、婚庆等大型场合必戴的一种服饰。该帽子做工细腻，戴起来显得格外的英俊、壮观。乌兰缨帽在一定程度上展现了黄河南牧民群众的手工裁缝技术，该帽子也从单一的防寒用品转化为华丽的民族服饰，包含着当地蒙古族审美理念。

乌兰缨帽制作技艺于 2020 年 7 月列入州级非物质文化遗产代表性项目名录。

164
牛皮生活用品制作技艺

　　牛皮制作的各种生活用具在牧区相当普遍，用牛皮制作的牛皮袋子、牛皮绳子、牛皮绊脚绳和牛皮投石袋等，都是牧民群众在生产生活中不可缺少的工具。其制品包括皮鞭、车马挽具、牛皮鼓、牛皮卧具、弓弦和牛蜡等。牛皮具，是以牛皮、牛筋为原料，经过割皮条、编织、木工和刺绣等工艺流程制作，具有材美工巧、刻花新颖、经久耐用的特点。

　　牛皮生活用品制作技艺流传于黄南州河南蒙古族自治县，历史悠久，由蒙古族、藏族传承。传承人代表：次成尼玛。以记录的方式传承。牛皮生活用具原料牛皮的制作主要经历三个步骤：一、需要对牛皮进行去毛加工，把牛皮泡在芒硝水中十几天后，用刀子把上面的毛去掉；二、去掉毛以后进行揉搓；三、揉搓完之后对牛皮进行涂油和柔化，柔化后就可以制作各种生活用具了。牛皮用品都是用于生产生活方面的，因此如果不需要经常使用的话，为避免干燥，需要进行涂油。牛皮制作的生活用品弹性较好、做工简单、封闭性好、不容易断掉，既保质又耐用。牛皮制作的容器密封效果好，对粮食的储存具有良好的防潮效果。牛皮制作的各种生活用具在牧区相当普遍，游牧民族也从牦牛身上找到属于黄南牧民群众绚丽多彩的文化，弘扬了民间传统独特的手工技艺。

　　牛皮生活用品制作技艺于 2020 年 7 月列入州级非物质文化遗产代表性项目名录。

165
曲拉糖制作技艺

曲拉糖制作技艺是河南蒙古族自治县的一种传统制糖手工技艺。曲拉糖的制作方法包括鲜奶脱奶油、加温、过滤和干燥等工序。曲拉糖不仅是一种美味零食也是部分藏药、西药、中药中普遍应用的成分。

曲拉糖制作技艺流传于黄南州河南蒙古族自治县，由蒙古族同胞传承，流传历史悠久。曲拉糖制作技艺需要经过一系列步骤：首先打酥油时把酥油打捞后剩下的奶放入锅中熬好以后倒入干净的袋子中，或者带入四角悬吊的棉布中过滤；待其中水分汁液都漏干沥尽之后，将剩余物放置在阳光下、平铺、晒干后得到的就是方便长久收藏的曲拉；再加入糖，就制成了曲拉糖。曲拉富含的牦牛乳酪蛋白是生产干酪素的重要原料，干酪素具有良好的黏合、成膜和光

亮等功能，被广泛应用于工业、食品和医药等行业，国内外市场需求非常大。曲拉的营养价值非常高，可作为牧民日常食物中的蛋白质补充剂。曲拉作为藏族群众的传统食品和国内干酪素加工的原材料，需求量大，市场前景广阔。曲拉的主要功效是有助于抗菌消炎，帮助人体增强自身免疫力。曲拉是含钙量相当高的牛奶制品，其中的钙质又非常容易吸收，经常食用曲拉可以有效增强自身的骨密度，强健骨骼，还有一定的美容养颜的功效，同时又属于发酵类的产物，所以一定程度上可以帮助促进消化。

曲拉糖制作技艺于 2020 年 7 月列入州级非物质文化遗产代表性项目名录。

166
蒙式蕨麻点心制作技艺

　　蒙式蕨麻点心制作技艺是一项传统食品制作技艺。蒙式蕨麻点心作为蒙古族特色产品，它味道香甜、含有丰富的营养。

　　蒙式蕨麻点心制作技艺流传于黄南州河南蒙古族自治县，由蒙古族同胞传承，主要传承人：多杰卓么。蒙式蕨麻点心的做法步骤是：一、取适量的蕨麻、奶渣、酥油和蔗糖在稍大的容器中混合搅拌均匀；二、盛入容器，形成饼状，再点缀葡萄干等干果作为装饰；三、等到完全冷却后便可食用。蒙式蕨麻点心有着健胃补脾、生津止渴以及益气补血的功效，是当地独具特色的重要食品，它不仅在饮食文化上有着显著特点，还在传承传统技艺和发扬民俗文化上也起着很大的作用。它是该地区代表性的美食之一，为蒙古族传统饮食增加了一道美食。蒙式蕨麻点心制作技艺历史悠久，它体现了蒙古族人民的生活智慧，在营养学、民俗艺术等各个领域都具有重要价值。蒙式蕨麻点心制作技艺以丰富的表现形式，体现出独特的文化价值。

　　蒙式蕨麻点心制作技艺于 2020 年 7 月列入州级非物质文化遗产代表性项目名录。

167

河南蒙古族 服饰制作技艺

蒙古族服饰主要包括长袍、腰带、靴子和首饰等。它制作讲究，需要经历设计、绘图、备料、搭配、缝缀、镶嵌、制银饰片、腰带配饰、图案、配色、串玛瑙珍珠和打磨绿松石等数百道工艺流程，精工细作使得服饰精美绝伦。

河南蒙古族服饰制作技艺主要流传在黄南州河南蒙古族自治县。由蒙古族同胞进行传承，传承人代表：公保扎西、丹子昂旦、周毛等，通过人才培养的方式进行传承。传承人需要掌握蒙古族传统服饰技艺方面的相关知识，在承袭已有制作与设计的基础上，结合现代的科学技术，用新式的方法、工艺嫁接创新，制作出具有鲜明特色的蒙古族服饰。蒙古族服饰具有色彩艳丽、用料讲究、做工精细、风格多样和穿着得体等特点。通过刺绣图案、镶边工艺、金属工艺等制作手法，蒙古袍呈现两袖长而宽大，下端左右不分衩，高领有衽，大襟有钉扣，领口、袖口、衣边常用绸缎刺绣花边或皮毛镶饰的样式。蒙古族传统服饰历经千年的发展变迁，又把现代设计理念与蒙古族传统服饰的色彩、面料或工艺相创新融合在一起，产出更有原创性和竞争力的产品。

河南蒙古族服饰制作技艺于 2020 年 7 月列入州级非物质文化遗产代表性项目名录。

168
河南蒙旗烤全牛技艺

　　河南蒙旗烤全牛技艺是一道地方特色菜肴，是河南地区少数民族膳食的一种传统风味肉制品。它用于招待贵宾或举行重大庆典时的盛宴特制的佳肴，起源于西北游牧民族，是蒙古族的餐中之尊。

　　河南蒙旗烤全牛技艺流传在黄南州河南蒙古族自治县，烤全牛这门特色的饮食技艺也随着蒙古族部落一并进入这一地区。由蒙古族、藏族传承，传承人代表：尕藏东智，以记录与举办活动的方式进行传承。烤全牛的制作是一个体力活，技术也相当重要，需要经历多个步骤：第一，选一头健康肥壮的牛，宰杀剥皮后将牛的内脏取出进行清洗；第二，专制一合适大小的坑，用特制的铁架子将牛身固定，在牛的体内放入提前准备好的调料，体表用调理好的糊状均匀地抹在牛的全身后抬入坑中；第三，在炭火的烧烤下直至变成金黄色。烤全牛外表金黄油亮，外部肉焦黄发脆，内部肉绵软鲜嫩，牛肉味清香扑鼻，颇为适口，别具一格。肉质酥香、不膻不腻，烤全牛味道鲜美，蘸上特制的调料，风味独特！烤全牛是河南蒙古族自治县蒙古族游牧生活中形成的传统佳肴，是宴席上的一道最讲究的传统名菜。它代表着蒙古族传统饮食文化，是蒙古族饮食文化的重要象征之一。

　　河南蒙旗烤全牛技艺于 2020 年 7 月列入州级非物质文化遗产代表性项目名录。

169

河南蒙旗烤全羊技艺

烤全羊（蒙古语：好尼、西日娜）是一道地方特色菜肴，起源于西北游牧民族，是河南蒙古族自治县少数民族游牧生活中所形成的传统佳肴，色、香、味、形俱全，别有风味，是招待贵宾或举行重大庆典时为盛宴特制的佳肴。

河南蒙旗烤全羊技艺流传于黄南州河南蒙古族自治县柯生乡、优干宁镇、多松乡等，由蒙古族、藏族同胞进行传承。传承人代表：扎西东智，以记录与举办活动的方式传承。烤全羊在我国西北少数民族地区是一种常见的特色食品，其颜色金黄油亮，外部肉焦黄发脆，内部肉绵软鲜嫩。烤全羊以前只供蒙古贵族享用，是在逢年过节、庆祝寿辰、喜事来临时用以招待尊贵的客人的珍馐佳肴。是蒙古族的餐中之尊，是宴席上

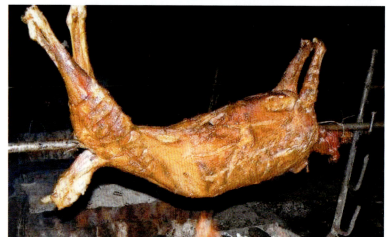

的一道最讲究的传统名菜，具有浓郁的民族风味，也是蒙古民族饮食文化上最为重要的一部分，具有代表性和象征性。

河南蒙旗烤全羊技艺于 2020 年 7 月列入州级非物质文化遗产代表性项目名录。

170
更盼秀曲制作技艺

更盼秀曲制作技艺主要流传在黄南州河南蒙古族自治县赛尔龙乡、柯生乡、多松乡等。该制作技艺历史悠久，可以追溯到南宋宝祐年间，将近有 800 年的历史。当地的蒙古族、藏族同胞均有传承。传承人代表：才让措。更盼秀曲制作技艺是通过采集各种草药进行香水的炼制，这种香气对人体有着很好的医疗效用，香味能使人精神愉悦，可以除去人体身上的异味，可消除蚊虫叮咬后的奇痒，可消炎止痛，特别是对老人关节疼痛可以起到着很好的效用。制作而成的香水未添加任何化学添加剂，是纯有机产品。它充分体现出了当地人民的智慧，满足了人们的需求。更盼秀曲制作成的香水深受当地人的喜爱。更盼秀曲制作技艺是带着高原气息的特色和一个民族的文化象征，它在特色产品方面和商业化发展方面取得了一定的成绩。

更盼秀曲制作技艺于 2020 年 7 月列入州级非物质文化遗产代表性项目名录。

171
河曲包子制作技艺

　　"河曲包子"是河南县蒙古族最重要的主食之一。当地大部分人称它为"璀馍馍"，也有人称它为"坤"。大概意思为蒸制的油脂馍馍。随着民间很多有形、无形文物等的称呼统一规范，现如今在字面上称为"河曲包子"，特地在包子前加"河曲"两字，着重显出其地方特色文化。

　　河曲包子制作技艺流传于黄南州河南蒙古族自治县，由蒙古族、藏族同胞传承。传承人代表：才让东智、玛加，以开展培训的方式进行传承。

　　制作过程如下：包子皮先要和面、揉面，和的面要软硬合适；包包子时，在皮中放入适量的馅，然后包起来；在前句的过程中褶子要很合适，不能太密也不能太少；收口的时候要拉长一些，然后收起来；再用大拇指将包子口微微团开，如小花瓣一般。这样包出来的

包子修长、立体、美观，如古董的小花瓶一样，提升了包子的视觉美感。因河曲包子讲究大小、外形、汤汁和味道，故包出美丽而美味的包子，成为衡量当地女性厨艺水平的一条最为重要的标准。河曲包子不仅是一种独树一帜的民族风味小吃，而且也是河南蒙旗人民款待客人的传统美食。造型美观，入口美味，对于身体孱弱者也有滋补的功效。

　　河曲包子制作技艺于 2020 年 7 月列入州级非物质文化遗产代表性项目名录。

172
河南毛毡被制作技艺

河南毛毡制作技艺是一种以羊毛为原料，利用毛纤维揉搓能毡缩的特性进行制作的传统手艺。由这种技艺制作而成的毛毡具有很好的质感，体现了手工艺人的智慧，深受消费者的喜爱，有一定的知名度，具有普遍的实用价值。

河南毛毡制作技艺流传在黄南州河南蒙古族自治县，由当地蒙古族同胞传承。传承人代表：久美南青，以家族的方式传承。羊毛被具有优异的保温性能，能够锁住大量空气，而羊毛纤维作为不良热导体，能在寒冷环境中保持温暖。同时，由于其能够调节温度，即使在较暖的夜晚也不会感到燥热。羊毛独特的分子结构使其能吸收并存储相当于自重30%—40%的水蒸气，同时保持表面干爽，这有助于调节睡眠环境，避免过湿或过干。羊毛被适应性强，冬季能保暖，夏季则因良好的透气性而保持凉爽，实现四季适用。羊毛不易产生静电，减少灰尘和污垢的吸附，同时其天然属性不利于螨虫和细菌的滋生，适合过敏体质、哮喘患者以及婴儿、老人使用。羊毛具有天然弹性，即便经过长时间使用和挤压，也能保持较好的恢复性，保持被子的蓬松度和柔软手感。作为一种天然材料，河南地区盛产羊毛，羊毛被取材方便、价廉，羊毛被的保护、传承、推广有利于当地畜牧经济。

河南毛毡被制作技艺于2020年7月列入州级非物质文化遗产代表性项目名录。

173

蒙旗盘肠制作技艺

盘肠纹是蒙古族地区最常见的纹样之一，是蒙古族传统纹样中能够独立存在的以绳结为载体的装饰纹样，多出现在蒙古族家里的家具、靴子和衣服上。盘肠元素也存在汉族中，"中国结"便是一个典型例子。它其实也是中国常见的一个纹样，如中国联通的标志。纹样有立体的效果，从边上任何一个起点开始盘，怎么盘都不走回头路，整个纹样比较饱满。不同的盘肠纹，在不同区域的形式与表现上，宽窄、颜色有所不同。

蒙旗盘肠制作技艺分布广泛。在河南县境内主要分布在优干宁镇、赛尔龙乡、托叶玛乡等地，由蒙古族、藏族传承。传承人代表：昂杰、平措、项巴、扎西才让，以家族代际的方式传承。盘肠纹现大多存于佛教寺院及蒙古族、藏族毡房顶上，如蒙古包、蒙古服装。盘肠纹常常代表着吉祥、辟邪的寓意，用于民族用品的装饰纹样。盘肠纹源于绳艺，其形态、结构和类型具有艺术符号能指功能，即对生命的崇拜和对吉祥的期盼，是世俗审美活动在器物装饰上的映射。盘肠纹在人们的生活中应用极为广泛，常见于建筑、陶艺、服饰之上，具有极强的视觉表现力。

蒙旗盘肠制作技艺于2020年7月列入州级非物质文化遗产代表性项目名录。

174
藏式金丝制作技艺

　　藏式金丝制作技艺是一项传统制造技艺。它手法精湛、特点鲜明、整体考究，尤其为手绘底纹和掐丝唐卡添加了艺术魅力。掐丝工艺是景泰蓝制作中的一道工艺，是中国著名的特种金属工艺技术之一，到明代景泰年间这种工艺技术制作达到了最巅峰，制作出的工艺品因精美而著名。

　　藏式金丝制作技艺流传于黄南州，由藏族同胞传承。当地青海宝鉴文化传播有限公司对技艺进行传承，不仅保护和传承金丝坛城和金丝唐卡的制作工艺，更是致力于创造就业岗位，为当地的经济做出一定贡献。藏式金丝制作技艺具有诸多价值：一、历史价值，在经济、文化、政治大融合的背景下，掐丝工艺这一来自波斯地区的工艺也正式在藏地开始流行；二、艺术价值，金丝工艺完好地保留了传统手工艺的用料特征、制作方法、工艺过程和特殊的审美趋向。金丝工艺，细致、精巧、手工艺感强。在少数民族首饰中经常使用这种工艺，使得民族用品更加美观别致；三、经济价值，在发达地区传统手工艺受到越来越多人的青睐，更好的开发传统手工艺运用于现代艺术品制作中，通过销售金丝制品，可以获得一定的经济效益。

　　藏式金丝制作技艺于 2020 年 7 月列入州级非物质文化遗产代表性项目名录。

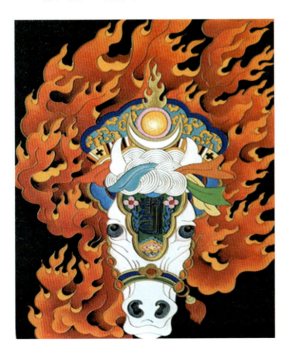

175
隆务老街汉族婚宴
"老八碗蒸菜"制作技艺

隆务老街汉族婚宴"老八碗蒸菜"系保安古城传统婚宴的衍生菜系。"老八碗"是泛称，菜品主要有红炖、白炖、丸子、蛋卷、羊筋、牛肉、羊肉和猪肘等，配以糖包子、肉包子、花卷馍和油饦饦等主食一起食用。

明万历十八年，"屯首"王廷仪专程从河州请了几位大厨为官兵赶制了流水犒劳席，"老八碗蒸菜"的宴席由此产生，并几经补充逐渐形成了一个极具餐饮、礼仪、文化等内涵的本地菜系传承至今。老八碗主要指：一、红炖，专指上了糖色的猪后腿肉；二、丸子，系牛肉剁成肉末，加入葱、姜、胡椒等调和而成的肉泥团；三、蛋卷，蒸熟后，切成圆片，整齐码放在碗中；四、羊筋制作，质量上乘的羊腿筋在明火上燎一下，褪去毛发，然后放入水中浸泡、洗净、切成段状、调汁，上锅蒸制；五、制作牛肉，选用肩胛骨部分精细肉，煮熟，切片，配料蒸制；六、制作羊肉，选用后腿半肥半瘦的精细肉，煮熟，切片，配料蒸制；七、制作猪肘，选用后腿卤制，调兑汤汁，上锅蒸制；八、白炖，通常指炖肉，口味偏咸或五香，首选猪带皮五花肉，切块后煸炒去油，再加入香料和调料慢炖。隆务老街汉族婚宴"老八碗蒸菜"烹制技艺流传于隆务古城，这一民间技艺是同仁地区各族群众和睦相处、相互学习、团结进步和共同发展的历史见证，充分体现了同仁地区民族餐饮文化的发展和社会活动的历史。隆务老街汉族婚宴"老八碗蒸菜"技艺具有极高的饮食文化价值、历史文化价值、社会实用价值和餐饮商业价值。

隆务老街汉族婚宴"老八碗蒸菜"制作技艺于2020年7月列入州级非物质文化遗产代表性项目名录。

176

达顿藏茶制作技艺

千百年来，藏茶作为涉藏地区人民"旦夕不可或缺"的生命之饮，在历史的长河中形成了世代相传的藏茶文化。相传在吐蕃王朝都松莽布支赞普时期（公元 676—704 年在位），病中的赞普偶然捡到一只小鸟衔来的树枝，枝条上几片青嫩的叶子，让赞普很为动心，便扯了几片绿叶放入口中细嚼，顿觉神清气爽，身体轻快，于是命大臣寻找这种树叶。大臣找到这种树叶后才知是茶，带回献给赞普。赞普经常食用，身体逐渐好转。从此，茶便成为吐蕃宫廷一种珍贵的保健药物，藏茶因此被誉为"天界甘露"。

藏茶随着"丝绸之路"的发展畅通、"茶马古道"的逐步形成，向周边辐射，远销至亚洲各地，甚至到达欧洲。藏族古谚有云："一日无茶则滞，三日无茶则病。"藏茶原料内含物很丰富，制作工艺繁复，有效成分茶多酚、纤维素、茶红素、维生素等平衡了以肉食为主的高原民族的膳食结构，正所谓"以其腥肉之食，非茶不消；青稞之热，非茶不

解"。饮藏茶既解腻顺食、满足生理之需，其浓烈的天然老茶香，琥珀般的汤色和其他饮料不可替代的口感，又可使人处于一种快逸舒畅的精神状态。十世班禅曾作诗赞美藏茶："煦风送暖催春意，碧玉绿叶舞新姿，馨香扑鼻味醇美，雅安藏茶引嘉宾。"藏茶文化正是在这样的背景和条件下产生并发展起来的。

达顿藏茶制作技艺于 2020 年 7 月列入州级非物质文化遗产代表性项目名录。

177
藏医药足浴汤散制作技艺

　　藏医药足浴汤散制作技艺是同仁地区村民常用的一种足浴治疗法，用食盐、天门冬、大籽蒿等煮水泡脚，以达到防疫、保健效果。随着时代的变化，它原有的一些配方、疗法，在民间逐渐失传，而新的原材料的增多，该疗法得到更新、推广。

　　藏医药足浴汤散制作技艺流传于黄南州同仁地区，由藏族、土族、汉族、回族和蒙古族等传承。传承人代表:阿尼曼日、周先卡、拉加才让等，以师徒相授的方式传承。同仁市热贡玉珠梅朵藏医药足浴汤散制作技艺的传承以社会性、松散型为特征。藏医药足浴具体过程：把双脚浸泡于已煮好的藏药汁中（藏药有效成分渗透过皮肤毛孔作用于机体，使人体充分吸收藏药成分），对局部或全身的

疾病进行防治。其过程为：一、具有促进人体血液循环，调理内分泌系统，疏通筋骨关节的功能，可增强人体器官机能，调养身心，达到防病治病的保健效果；二、防治脚气、脚痒、脚臭、脚癣、脚汗和烂脚缝等方面效果极佳，脚不脱皮，而且皮肤滋润；三、能起到祛寒温胃补温，补肾强身，祛病、护肤、美容、延年益寿的作用。热贡玉珠梅朵藏医药足浴汤散制作技艺历史悠久，它体现了藏族人民的古老文化，在人类学、民族学、民俗艺术等各个领域都具有重要价值。

　　藏医药足浴汤散制作技艺于2020年7月列入州级非物质文化遗产代表性项目名录。

178

藏药三十味疏肝丸配制技艺

藏药三十味疏肝丸是传统藏药二十五味松石丸的基础上添加五种治肝病的贵重药材后加工制取的治肝病药,原料有松石、珍珠、珊瑚、牛黄、西红花、人工麝香等三十种名贵药材。通过口服对药物的吸收,针对肝脏及全身的疾病进行防治,改善体内的水分分布和血液循环,起到清热解毒,疏肝利胆,化瘀的功能。主治肝郁气滞、血瘀、乙型肝炎、肝中毒、肝痛、肝硬化、肝渗水及各种急慢性肝炎和胆囊炎,尤其对各种肝硬化和肝腹水病疗效甚佳。

藏药三十味疏肝丸配制技艺流传于黄南州同仁地区,由藏族、蒙古族和土族等同胞传承。传承人代表:更登尖措、加羊尖措、南加,以收徒办学的方式传承。藏药三十味制作有采药、晾干、脱杂、脱毒、研磨、按比搭配、调和、搓丸、包装等工序。藏医三十味疏肝丸药效价值和工艺价值、文化价值比较显著。

藏药三十味疏肝丸配制技艺于 2020 年 7 月列入州级非物质文化遗产代表性项目名录。

179

藏药"仁青佐太"
炮制技术

　　"佐太"是藏语"仁青欧曲佐珠钦木"的简称,也称"甘露精王"。"佐太"在藏药中最为贵重,是历代名藏医通过对剧毒水银进行特殊炮制加工而得到的具有奇特疗效的制剂,是藏药之母本,被雪域人民视为藏药中的至宝,被称为众药之王,是生产"七十味珍珠丸""仁青璋皎""仁青左智达西"等名贵藏药的主要原料,也是用来配合普通药物增加疗效的制剂。

　　"仁青佐太"炮制技术流传于河南蒙古族自治县,由蒙古族、藏族同胞传承。传承人代表:长久美、长才布扎,以记录和医疗救治的方式传承。"仁青"类药品大多需要以"佐太"为基础,而"佐太"的前身为汞,含剧毒,因此要求加工时必须经过千百次煅烧去除毒副作用,炮制成灰才能入药。藏医把这个奇特的工艺和用这种工艺制成的药物称之为"佐太"。"佐"是炼制,"太"指灰、粉末,"佐太"的意思是煅烧成灰。"佐太"在藏药中占据着举足轻重的地位,是制成"仁青日吾"类藏药的前提和基础,而"仁青日吾"类在藏药中必不可少、最为珍贵,并对疾病疗效显著。蒙藏医院院内制剂药品不仅在治疗疾病方面取得了瞩目的成果,同时带动了本地区的经济和文化旅游业的发展,提高了河南蒙古族自治县的知名度,河南蒙古族自治县蒙藏医院被评为全国民族团结示范点。

　　"仁青佐太"炮制技术于2020年7月列入州级非物质文化遗产代表性项目名录。

180

七十味珍珠丸
欧太炮制技艺

七十味珍珠丸（然那桑培丸）珍宝藏药的关键成分"欧太"加工的炮制技艺始载于公元8世纪宇妥宁玛·元丹贡布编著的《四部医典》中，13世纪末，邬坚巴·仁钦贝成功地进行了"银的炮制法"的冷热处理及祛毒等整个实践操作，并编著了独特的药物炼丹经典《炼坐太论》著作，开创了藏药"银炮制法"系统完整的实践操作，为"银炮制"的普及和弘扬作了无法估量的贡献。后经贤者噶玛巴·让琼多吉、苏喀·年尼多杰、贡珠·云丹嘉措等著名藏医药学家的不断实践和传承，使这一藏医药文化的精粹得以世代相传。1987年措如才朗大师以黄南州藏医院为基地，成功研制了仁青佐太、七十味珍珠丸等名贵藏药，研发了欧太等一系列藏药炮制技艺，以"师带徒"的传承方式培养了东巴、卡先加、恰斗多杰等炮制技艺传承人。新中国成立以来，我国藏医药由寺院的"曼巴扎仓"走向民间，更好地为人民健康服务，银炮制加工后的"欧太"是配制名贵藏成药的重要原料，在藏医使用中有悠久的历史，有着近一千三百多年的临床实践验证，应用面广、使用量大、效果显著，是藏药中的极品，并具有去腐生肌、干黄水、敛脓血等功效。它是仁青常觉、七十味珍珠丸等珍宝类药物中最重要的成分之一。七十味珍珠丸欧太炮制技艺的历史悠久，它体现了藏族人民的古老智慧，在人类学、医药学等各种领域具有重要文化价值。七十味珍珠丸欧太炮制以技艺独特、内容丰富的表现形式，体现出独特的藏医药实用价值。

七十味珍珠丸欧太炮制技艺于2020年7月列入州级非物质文化遗产代表性项目名录。

181

藏医舌诊

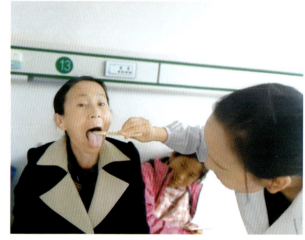

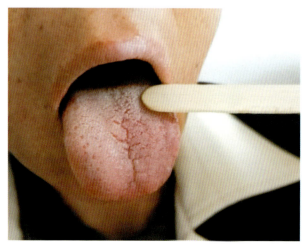

藏医舌诊是望、触、问三大诊断方法中望诊的主要依据。望诊主要包括舌诊与尿诊，是视觉所及的诊断，即凡是能用眼睛看到的都能观察。其完整理论形成于《四部医典》，经过后期各藏医学派和医贤圣人的刻苦钻研，现已形成完整的理论体系。

藏医舌诊在青海流传于黄南州尖扎地区，其历史起源可追溯至古象雄时期，由藏族同胞传承。藏医舌诊是基于舌头的颜色、薄厚、质地和舌下的脉络而做出辅助诊断。藏医中最基础的三因隆、赤巴、培根有各自所属的舌象，比如隆病的舌头有红而干燥的特点，赤巴的舌诊有舌苔淡黄而厚腻，培根病的舌诊为舌苔色白而扁薄、舌面无光泽而软湿。正确的诊断有助于有效的治疗，故治疗的根基是诊断。藏医中舌头与心脏是相关联的，而心脏是人体大小循环即血气运输的根基，人体有任何的病变都要以血气的病变为最敏感的标准，故详细全面的了解学习舌诊是病理诊断最主要的方法。藏医作为传统医学更擅长对直观表象的叙述，藏医舌诊疗法具有其独特性。相对于中医，藏医具有独立的理论体系、悠久的历史和完善的理论依据，通过对舌头的观察，联系藏医三因学的特色，达到辅助诊断的功能。藏医舌诊是藏医望诊的直观表象，临床运用价值高，方便经济，对诊治具有辅助作用。

藏医舌诊于 2020 年 7 月列入州级非物质文化遗产代表性项目名录。

182
藏医五味甘露药浴法

    "五味甘露药浴法"是将藏医药浴法中的最基本、最常用的一类药浴运用到关节疾病和缓解疼痛的治疗方法。它可以用水浴的方式对病人进行治疗，也可用敷浴的方法对病人进行治疗。

    藏医五味甘露药浴法流传于黄南州尖扎县境内，由藏族同胞传承。传承人代表：尖错、却佩、久先等，以记录和培养人才的方式传承。三因学说是藏医学的理论基础，在藏医药浴法中也有其衍生的理论。藏医药浴法的文化同藏医药一样与周边医学有血脉相承关系，也有独一无二的璀璨特色。藏医药文化具有博大精深，兼容并包的特点，有着非常重要的社会价值。尖扎县藏医院通过对藏医药浴法整体理论的实践，选其疗效显著，运用广泛的五味甘露药浴法治疗来缓解关节疾病。尖扎县藏医院独特的药物君臣佐使的配伍特色，以整体选其优、概论选其精、疗效选其锐的理念抓重中之重。藏医药浴法虽是一种传统的治疗方法，现在在党和政府的支持帮助及探索下已被广泛推广，疗效也被更多的人认可，药浴正以前所未有的势头向多元化发展。

    藏医五味甘露药浴法于 2020 年 7 月列入州级非物质文化遗产代表性项目名录。

183

藏药六味灵芝散
配制技艺

"六味灵芝散"出自《四部医典·秘诀部》,在《晶珠本草》中也有记载。六味灵芝散的传承和运用对心脏病、高血压、肾脏病、阑尾炎等疾病有特色疗效,"六味灵芝散"在临床心脏病和肺心病等方面也有极高的好转率和治愈率。"六味灵芝散"的藏药药材都是地道的纯天然药材,炮制技术都是按照传统的炮制工艺技术来完成的。

藏药六味灵芝散配制技艺流传于黄南州泽库县境内,由藏族同胞传承。传承人代表:切知、洛桑丹巴、三丹医师等,主要以"师带徒"和建档记录的方式传承。藏医药学理论形成发展并深深扎根于青藏高原,极富有地域特色和民族特色,是世界医学史上的一朵奇葩,是藏族先民在与疾病做斗争中不断取得胜利的缩影,蕴含了藏族人民民俗、精神文明、医疗卫生保健等方面的内容,其指导理论、优势病种明显受到本民族和本地区的影响。

藏药六味灵芝散配制技艺于 2020 年 7 月列入州级非物质文化遗产代表性项目名录。

18′

藏药七味紫草散 配制技艺

"七味紫草散"是藏族传统医药的一剂药物，它对肾虚和腰膝酸痛等肾脏病有特色疗效，在临床肾脏等泌尿系统疾病等方面有较高的好转率和治愈率。"七味紫草散"的藏药药材都是当地的纯天然药材，炮制技术都是按照传统的炮制工艺技术来完成的。

藏药七味紫草散配制技艺流传于黄南州泽库县境内，由藏族同胞传承。传承人代表：切知、洛桑丹巴、三丹医师等，主要以"师带徒"和建档记录的方式传承。七味紫草散藏药制剂具有明显的临床疗效，它使用的藏药材都是纯天然药材，炮制工艺经过严密的管控。其价值主要表现在以下几个方面：一、七味紫草散的理论源远流长，使用广泛，服务对象以藏族群众居多；二、七味紫草散以独特完整的藏文化和藏医学理论为指导，所选的药材都是本地区生长的纯天然药材；三、七味紫草散极富有地域特色和民族特色，它的炮制工艺和加工过程都经过严密的步骤。在科学发达的今天，以藏医药为代表的传统医学仍旧为人类的健康默默地发挥着应有的作用，尤其在某些常见病及多发病方面，藏医具有独特的治疗方法与藏药制剂，能够补充现代医学不足。

藏药七味紫草散配制技艺于 2020 年 7 月列入州级非物质文化遗产代表性项目名录。

185

藏药胆结石利康散配制技艺

"胆结石利康散"出自《四部医典·秘诀部》，是针对青藏高原地区胆结石疾病普遍发病而研制治疗这一些地方性疾病的药方。"胆结石利康散"对胆结石和胆结石急腹症有特色疗效，在临床胆囊及肝胆系统疾病等方面有极高的好转率和治愈率。

藏药胆结石利康散配制技艺流传于黄南地区泽库县境内，由藏族同胞传承，主要在医院内进行研发和用于治疗。传承人代表：切知、洛桑丹巴、三丹等医师，主要以临床实践中培养人才的方式传承。胆结石利康散药材都是地道的纯天然药材，炮制技术都是按照传统的炮制工艺技术来完成的。研究证明，胆结石利康散在治疗专科病等方面有特色临床疗效，在胆结石急腹症、胆总管结石、胆总管堵塞等常见病的治疗上治愈率达到90%以上。

藏药胆结石利康散配制技艺于2020年7月列入州级非物质文化遗产代表性项目名录。

186
藏药血栓利清散 配制技艺

因涉藏地区少数民族经常食用肉制类、奶脂类等食物，导致群体血液高脂粘稠形成血栓，而"血栓利清散"则是泽库地区从医人员针对这一地方性高发病长期临床过程中而研制的一味药剂。

"血栓利清散"出自《四部医典·秘诀部》，是属于藏族传统医药的一剂药物。它对动脉粥样硬化以及脑供血不足有特色疗效，且在临床心血管系统疾病方面有较高的好转率和治愈率。"血栓利清散"的藏药药材都是地道的纯天然药材，炮制技术都是按照传统的炮制工艺技术来完成的。

藏药血栓利清散配制技艺流传于黄南州泽库县境内，由藏族同胞传承。传承人代表：切知、洛桑丹巴、三丹医师等，主要以"师带徒"和建档记录的方式传承。血栓利清散对于藏医药学具有巨大的临床价值。临床证明，血栓利清散制剂在治疗血管专科病等方面有特色临床疗效，在某些常见血管病的治疗中治愈率达到90%以上。包括血栓利清散在内的藏医药学是藏族先民在与疾病作斗争不断取得胜利的缩影，蕴含了藏族人民民俗、精神文明、医疗卫生保健等方面的内容，其指导理论、优势病种明显受到本民族和本地区的影响。时至今日，这些藏药制剂仍然运用在民族医院临床实践的前线，在某些特种病及常见病方面具有独特临床价值和疗效，能够补充现代医学缺憾之处。

藏药血栓利清散配制技艺于2020年7月列入州级非物质文化遗产代表性项目名录。

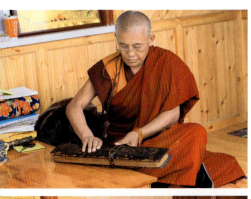

187

藏药三十一味营养剂 配制技艺

藏药制剂"三十一味营养剂"出自《四部医典·秘诀部》，它对高血压、冠心病、心绞痛及窦性心动过缓有特色疗效，在临床心脑血管系统疾病方面也有较高的好转率和治愈率。三十一味营养剂的藏药药材都是当地的纯天然药材，药品炮制都是按照传统的炮制工艺来完成的。

藏药三十一味营养剂配制技艺流传于黄南州泽库县境内，由藏族同胞传承。传承人代表有：三旦、华锐、周加才让等，以记载和人才培养的方式传承。三十一味营养剂藏药制剂在临床上具有明显的临床疗效，其价值意义主要表现在以下几个方面：一、藏药三十一味营养剂的理论源远流长，诊断简便，操作简便，使用广泛，服务了众多藏民族聚居区群众。二、藏药三十一味营养剂极富有地域特色和民族特色，它的炮制工艺和加工过程都经过严密的步骤，都是在以藏医药学等的理论指导下完成的。三、藏药三十一味营养剂以其明显的特殊性、鲜明的包容性、显著的地域性、很强的民族性和规范的科学性，在现代医药领域中占有重要的地位。时至今日，这些藏药制剂仍然运用在民族医院临床实践的前线，在某些特殊病及常见病方面具有独特临床价值和疗效。今天以藏医药为代表的传统医学仍旧为人类的健康默默地发挥着应有的作用。

藏药三十一味营养剂配制技艺于 2020 年 7 月被列入州级非物质文化遗产代表性项目名录。

188
藏药阑尾安乐散配制技艺

"阑尾安乐散"是藏族传统医药产品。因青藏高原的独特地理环境,阑尾疾病在该地区发病率极高,"阑尾安乐散"是针对这一特性,为减轻当地患者疼痛,根治阑尾疾病而研制的一种药剂。藏药制剂的"阑尾安乐散"在临床肠道系统疾病治疗方面能达到极高的好转率和治愈率,对急慢性阑尾炎和急慢性肠炎有特殊疗效。

藏药阑尾安乐散配制技艺流传于黄南州泽库县境内,由当地藏族同胞传承。传承人代表:切知、洛桑丹巴、三丹医师等,主要以师带徒和建档记录的方式传承。"阑尾安乐散"的藏药制剂出自《四部医典·秘诀部》,传承历史悠久。"阑尾安乐散"中的藏药药材都是地道的纯天然药材,炮制技术都是按照传统的炮制工艺来完成的。藏药制剂至今仍运用在民族医院临床实践中,在某些特殊病及常见病方面具有独特临床价值和疗效。在现代医学科学发达的今天,以藏医药为代表的传统医学仍旧贡献着它古老智慧,尤其在某些常见病及多发病方面藏医具有独特的治疗作用。阑尾安乐散选配的原料都是常见药材,因其疗效好、廉价,受到广大患者认可,使藏医药体现出其仁慈济世的医学美德。

藏药阑尾安乐散配制技艺于 2020 年 7 月列入州级非物质文化遗产代表性项目名录。

189

藏药"甲日沽觉"脉泻疗法

藏医脉泻疗法是一门藏医外治疗法技艺，是众多藏医专著中提及的五门泻疗法中最顶尖的一种泻疗法。脉泻疗法利用人体神经系统解剖机制进行治疗，具体步骤为：一、药浴洗浴、油脂涂擦、服用脉泻三果汤散；二、根据病人体质和特殊的环境使其连续服用本地药材炮制成的药；三、病灶从根部随病人的尿液排除；四、对后期并发症进行处理和诊疗护理。该疗法可以疏通经络、活血化瘀、从体内去除病根。

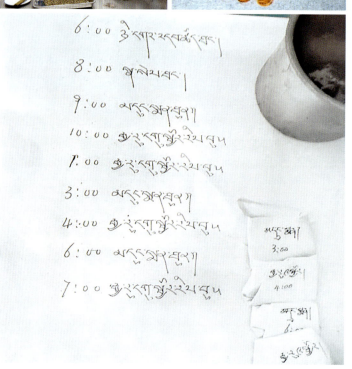

藏药"甲日沽觉"脉泻疗法流传于黄南州泽库地区，由藏族同胞传承。传承人代表：公保东智、航杰、三措等，主要以师带徒的方式传承。藏医外治脉泻疗法对脑中风、脑梗后遗症，风湿、类风湿性关节炎、顽固性皮肤病、子宫腺疾病、附件囊肿、宫颈糜烂和女性不孕不育等疾病有极佳的疗效。藏医外治脉泻疗法具有明显的特殊性和规范的科学性，主要表现在以下几个方面：一、在古老的藏医药历史长河中，藏医外治疗法源远流长，因治疗过程中操作简便被广泛使用，主要服务对象以涉藏地区的群众居多。二、藏医学认为隆、赤巴、培根是构成人体的三要素，当三要素出现不平衡时，则出现病理状态。藏医外治疗法的方剂组方、诊治过程和后期特殊护理都是在藏医学理论指导下完成的。三、藏医外治脉泻疗法积累了丰富的临床经验，在方剂炮制和病人护理等方面都积累了独到的经验。

藏药"甲日沽觉"脉泻疗法于 2020 年 12 月列入州级非物质文化遗产代表性项目名录。

190

藏医"阿日赛泻"腹泻疗法

藏医外治泻疗法利用人体消化系统解剖机制，需要连续三到四天的前期准备工作：药浴洗浴、油脂涂擦、服用脉泻三果汤散等，后据实体部分选用由本地药材炮制而成的药，根据病人体质和特殊的环境连续服用。这种疗法使病灶从根部随病人的尿便排除，并进行后期并发症的处理和对病人的特殊诊疗护理。

藏医"阿日赛泻"腹泻疗法流传于黄南州泽库县境内，由当地藏族同胞传承。传承人代表：公保东智、航杰、三措，主要以师带徒的方式传承。泽库县藏医院外治脉泻专科，成立于 2015 年，在藏医外治脉泻疗法方面经验丰富。该疗法即疏通经络、活血化瘀使病根从体内去除，从而达到治疗的效果，根据病人病症的不同所选用的药也有所

不同。该疗法对治疗胆囊炎、黄疸型肝炎、风湿、类风湿性关节炎、顽固性皮肤病，尤其在肝胆系统疾病方面有极佳的疗效。藏医外治泻疗法具有宝贵的临床价值，它在临床上对肝胆系统疾病和异型肝炎等疾病的治愈率明显高于传统保守疗法和西医疗法，好转率和有效率极高，尤其在肝胆系统疾病和骨性关节炎等疾病方面展现了巨大的应用前景，给众多患者提供了新的临床治疗的可能，并为患者减少了医疗费用，从根本上解决了"看病贵"的问题。

藏医"阿日赛泻"腹泻疗法于 2020 年 12 月列入州级非物质文化遗产代表性项目名录。

191

藏医"八味主药散"卡擦药疗

"卡擦"是指方剂中的临床加味秘方。它的应用原理是加量法原则：加量法主要依据病人的个体差异、病理特点、病情变化、发病部位等因素，在原有组方的基础上新加一味或多味炮制过后的珍宝类药物，以及针对某一疾病具有特效的天然药物。

藏医"八味主药散"卡擦药疗法流传于黄南州泽库县境内，由藏族同胞传承。传承人代表：加肉、公保东智、航杰等，主要以师带徒的方式传承。临床实际运用中有一种新的关于"卡擦"的认识是原先基础方中未出现的，根据疾病特点加味的配方或者加量成份的一种配药方法。其应用原则是加量法原则，这个加量法主要根据病人体质、所处的环境和季节、年龄等多种因素考虑得来的人体"三因"平衡或针对一种疾病加以特殊治疗所做的基础药方中的某一味或多味药物加倍增量。藏药配方中"卡擦"具有独特的临床应用价值，重要价值主要体现在：目前民族医院制剂的药品数量有限，大多数的药物作用都比较总体化。但它用在临床实践不仅能够解决用药短缺的困境，且针对性比较强。在原有成品药的基础上加一味或多味"卡擦"秘方药物起效快，药效强。由于党和政府的高度重视，使得藏医药学在我国兴起了一个全面振兴的发展高潮，藏医药正处于历史发展的最好时期，这对于藏医药古籍文献中"卡擦"的理论应用到临床实践和对藏医药的传承、发展起到非常重要的作用。

藏医"八味主药散"卡擦药疗法于2020年12月列入州级非物质文化遗产代表性项目名录。

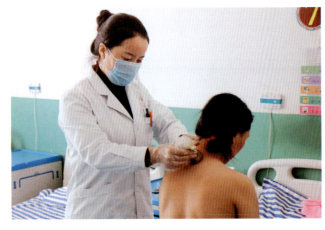
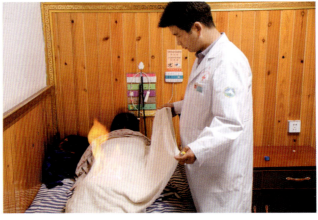

192
藏医药浴疗法

藏医药浴疗法，藏语称"泷沐"，是藏族人民以土、水、火、风、空"五源"生命观和隆、赤巴、培根"三因"健康观及疾病观为指导，通过沐浴天然温泉或药物煮熬的水汁或蒸汽，调节身心平衡，实现身体健康和疾病防治的医学实践。

藏医药浴疗法分布在黄南州同仁地区，由藏族、土族、蒙古族、汉族同胞传承。传承人代表：忠友尖措、旦正加、才让南加，以知识培训的方式传承。药浴具有治疗因于隆、赤巴、培根紊乱而导致黄水偏盛引起的各类疾病。凡是四肢僵直、疔疮、新旧痞伤、肿胀驼背、骨内黄水病、一切隆型疾病等，都可以用药水浸浴疗法施治。

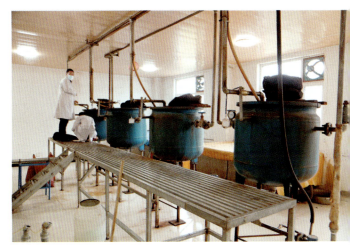

藏医药浴疗法承载着藏医药文化的丰富内涵，符合天人合一、保护自然的理念。以中国"藏医药浴疗法"为代表的藏医药文化在雪域高原传承历史悠久。该遗产项目承载着藏族天文历算、自然博物、仪式信仰、行为规范、起居饮馔等传统文化，同时也通过藏族神话、传说、史诗、戏剧、绘画、雕刻等艺术表现形式广泛传播，既为藏族人民提供了强烈的民族认同感，又丰富了人民群众的健康知识与实践，是文化多样性和人类创造力的见证。藏医药浴法在治疗风湿性关节炎、类风湿性关节炎、痛风、骨质增生、强直性脊柱炎、椎间盘突出、肩周炎、各类皮肤病、妇科疾病等病症方面具有很好的疗效。

藏医药浴疗法于 2020 年 7 月列入州级非物质文化遗产代表性项目名录。

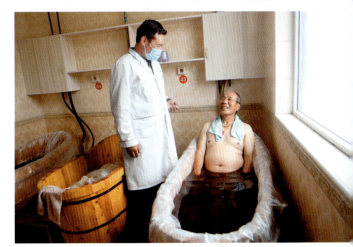

193

藏医对症配伍法

藏医对症配伍法源于《月王药珍》和《四部医典》。藏医经典著作《四部医典》论述部中讲述了对症配伍法的基本理论，秘诀部中针对每一种疾病，按不同的症状非常详细地阐述了配伍加减、用法用量以及禁忌症等内容。

藏医对症配伍法流传于黄南州同仁地区，由藏族、土族、蒙古族、汉族同胞共同传承。传承人代表：旦正加。同仁县彰颂藏医药浴综合医院旦正加教授生前传承和保护了藏医对症配伍法。藏医对症配伍法优点在于用药针对性强，疗效显著。藏医对症配伍法以"五源""三因""六味""八性""十七效"等理论为基础，形成了藏医独特的药性理论与病机、病因理论相结合的，个性化和针对性比较强的配伍方法，承载着藏医药文化的丰富内涵。该遗产项目承载着藏族天文历算、自然博物、仪式信仰、行为规范、起居饮馔等传统文化，并通过诗歌、口诀、神话传说等艺术表现形式得以广泛传播，丰富了人类的健康知识与实践。藏医对症配伍法历史悠久，它体现了藏族人们的古老文化，在人类学、民族学、民俗艺术等各种领域具有重要价值。

藏医对症配伍法于 2020 年 7 月列入州级非物质文化遗产代表性项目名录。

194

藏药十一味葡萄散配制技艺

藏药十一味葡萄散以七味葡萄散的配伍为原型，通过配伍的整体理论和实践，选其疗效显著，从整体选其优、概论选其精、疗效选其锐的理念指导其配制技艺。藏药十一味葡萄散是由第五世昂茸嘉央钦饶尖措为肺气肿和高原反应，以及气促呼吸不畅等患者特制的一味藏药，其主要成分是葡萄、冰片、甘草、红花等寒性药物，后加减其他药物而成，在临床使用中深受病患的认可。

藏药十一味葡萄散配伍技艺主要流传于黄南州尖扎地区，由藏族同胞传承。五世昂茸嘉央钦饶尖措，自幼赴昂茸寺院从师于夏马巴·班智达及茨成嘉措等，学习普通专科之学，后师从茂·奥赛嘉措。医术传承者有次成嘉措和洛桑旦却、尼玛医师、李先加等。藏医药学以"水、火、土、风、空"五原学说和"龙、赤巴、培根"三因学说为理论基础，以青藏高原的植物、动物、矿物等为原材料，采用适应高原环境和游牧生活的行医方式，对高原缺氧环境中的常见病、多发病、地方病具有独特的疗效，其养生疗效也越来越得到医学界的重视。藏药十一味葡萄散配伍技艺颇具医学价值、文化价值、研究价值，展现了藏族人对美好生活的期望。

藏药十一味葡萄散的配伍技艺于 2020 年 7 月列入州级非物质文化遗产代表性项目名录。

195
藏式摔跤

藏族传统体育竞技项目——藏式摔跤，藏语普遍称为"加哲"或"优日"。早在原始社会时期摔跤已成为人们日常竞技的娱乐项目，在冷兵器时期，藏族先民在与自然界、敌对部落的争斗中，贴身肉搏成了最主要的对战形式，贴身肉搏战就是摔跤竞技的初始形态，摔跤是人们对残酷生存环境进行有规则竞技化的和平体现。当今，藏式摔跤赛已经是一项专业的体育项目。青海藏族人的摔跤有"活跤"和"死跤"之分。

藏式摔跤流传于青海涉藏地区，其中黄南州尖扎地区有着更具特色的藏式摔跤，由藏族、蒙古族传承。传承人代表：格赛诺布、切罗、朵旦等。以家族传授的方式传承。比赛结束，两人手捧哈达以藏族特有的民族礼俗献给优胜者。如今随着时代的繁荣和发展，人们对体育事业越来越关注，在一年一度的尖扎滩赛马会以及大小民间节日中，摔跤都被列为重要的比赛项目之一，深受民众和全国各地游客的喜爱。藏式摔跤的延续与发展，既是藏族民众表达信任、交流、和谐、互惠等人际交际的一种平台，更是中华传统体育的重要的组成部分。

藏式摔跤于 2020 年 7 月列入州级非物质文化遗产代表性项目名录。

196
藏族棋艺 ❖

藏族棋艺在青藏高原流传非常广泛，棋种众多，对弈方式多样，既有宫廷式规整棋艺，也有民间在田间地头、草原山地极具灵活地用骨节、石头、木棍做成棋子可玩的棋艺，它是藏民族最常见的智力娱乐方式。藏棋在泽库县流传广泛，其中最常见的一种叫"久棋"。"久棋"源于我国西北地区民间棋类游戏"丢方"中的"方棋"，"久棋"是藏族先民对西北"方棋"的改良，是融入独特藏族文化的棋艺游戏。

藏族棋艺流传于黄南州泽库县及其他一些涉藏地区，由藏族同胞代代相传。藏棋历史源远流长，男女老少皆宜，兼具竞技性与趣味性，藏棋下法与围棋有许多相同之处，也有独特之处，如打枪、裕裆、三碧、四碧、转拉萨、转棍、卡子、哈木等，即可二人共下，也可四至六人共下，藏棋没有让子之说，如果双实力相差甚远，一律用"贴目"的办法解决，具体"贴目"多少，赛前由双方商定。对局以前，要在棋盘上预先按固定的交叉位置各放置六枚棋子，称为"座子"。除此之外，两者便没有什么大的区别了。藏棋具有独特的行棋表现形式，承载着藏民族的民族心理、伦理道德、精神气质、价值取向和审美情趣，是藏族传统体育文化的重要组成部分。

藏族棋艺于 2020 年 12 月列入州级非物质文化遗产代表性项目名录。

197

河南县密布传统棋艺

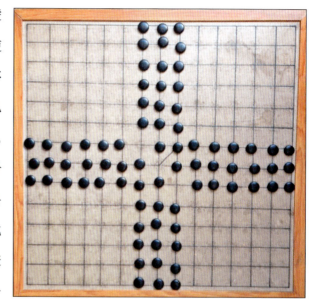

　　河南县密布传统棋艺是一种独属于河南县本地的蒙古族传统棋，是一种流行的智力性二人棋类游戏。它使用格壮棋盘及黑白二色棋子进行对战，下棋时可通过多种策略方式进行对战。棋名大部分起于传统生活中常见的物件或者人身上的装饰，三局即可定输赢，采取积分制。

　　河南蒙棋由 1719 年第一任河南蒙古族亲王擦汗丹津发明，后在河南蒙古族自治县民间普遍流传。河南县密布传统棋艺由藏族、蒙古族同胞进行传承。传承人代表：普华、索南昂杰。以开设传统棋艺俱乐部的方式进行传承。下棋是博弈的一种，是集对抗性、竞技性于一体的体育娱乐活动，它不像拳击、足球等运动项目，以拼体力为主，弈棋拼的是智慧，比的是谋略，斗的是心智。因此它的玩娱空间灵活，可以全民参与。人们可以通过下棋来开发智力，也可以用作休闲和娱乐。该棋艺不仅能提高人的定力及记忆能力、还能够养成良好的心态，又能加强抗挫折的意识。河南蒙棋是包含汉族围棋和藏族多眼棋的棋局，也带着河南蒙棋的独特棋艺，体现出河南蒙古族的智慧与文明。

　　河南县密布传统棋艺于 2020 年 7 月列入州级非物质文化遗产代表性项目名录。

198
蒙式摔跤

蒙式摔跤意为蒙古自由摔跤，蒙古语为"博克"，是深受蒙古族喜爱的一项传统体育运动和娱乐活动，在举行祭敖包和那达慕大会等活动时进行。它既是一项体育竞技比赛，也是一种娱乐活动。在蒙式摔跤（博克）的竞赛中，有着多样的体育竞技技术。

蒙式摔跤自古以来盛行在高原，河南蒙古族自治县的摔跤更独具当地特色，由当地的蒙古族男子传承。传承人代表：长爱、果多。以记录和举办赛事的方式进行传承。蒙式摔跤参赛选手仅限男性，年龄、体重均无明确规定，分为少年组、成年组，没有轻重量级。摔跤时两人插手相抱，久久相持、旋转推拒、寻机下手。身高体壮者借助身体优势取胜，体格瘦小者则靠灵活制胜。只要能将对方摔倒，无论采取哪种技巧都是被允许的。河南蒙旗摔跤以古老的形式和特征保存传承下来，是游牧民族生产、生活与军事活动的产物，体现了草原文化的基本特征，充满了民族传统文化色彩。主要特征有服饰华丽精美，体现民族风情，场地要求简易，娱乐气氛浓厚，比赛风格独特，突显民族精神。蒙式摔跤（博克）以丰富的表现形式，体现出独特的文化价值。

蒙式摔跤于 2020 年 7 月列入州级非物质文化遗产代表性项目名录。

199

土尔扈特游泳

土尔扈特游泳技术是一种独特的游泳技艺。牧民们通过使用皮筏子（充满空气的羊皮气囊）渡过黄河。羊皮筏子是以将羊皮充气把人浮在水上的西北黄河沿岸常见的民族性的游泳工具。

土尔扈特游泳流传于黄南州河南蒙古族自治县，由蒙古族、藏族传承。传承人代表：玛诺罗土、玛加、昂杰、才让东智。以记录和民间娱乐的方式传承。土尔扈特游泳主要有两大功用：一、用于在黄河中接送人和物品、解救在黄河中溺水的人及物；二、游泳时，由于水的压力、阻力、浮力和较低的水温，使人体的各部分器官都得到锻炼。这项技艺是一个民族将生活与地理相结合的一种智慧产物，能体现出一个民族对于生活压力的反击与智勇，是祖先们勤劳刻苦生活的反映也是一种新型的文化价值的体现。土尔扈特游泳作为一项传统的民俗活动，展现了蒙古族、藏族敢于拼搏，激流勇进的进取精神，它体现了蒙古族、藏族人们的古老文化，在人类学、民俗艺术等领域有着重要价值。土尔扈特游泳以丰富的表现形式，体现出独特的文化价值。同时，土尔扈特游泳作为一项生活技能，能够让人们在遇到危险的情况时不至于惊慌失措，且有效地逃生。

土尔扈特游泳于 2020 年 7 月列入州级非物质文化遗产代表性项目名录。

200
密芒（多目棋）

藏族棋艺在藏语中被称为"密芒"，意为藏式围棋，汉语的意思是多格子棋或者多眼睛棋，是藏族一种古老的文化活动，在其漫长的传承过程中，不断丰富、壮大，现已发展成为一种内容丰富多彩、比赛方式多样的棋类。

密芒（多目棋）流传于黄南藏族自治州等涉藏地区，由藏族同胞传承，在藏族农牧民中广泛流传。历史上，藏族人非常喜欢下棋，尤其在旧社会的贵族阶层比较盛行。密芒（多目棋）在棋盘上有纵棋 17 道线路，两人比赛时一方执黑子，一方执白子，其下法与围棋相似，主要是比棋艺、比智慧，一般为一局定胜负。比赛无时间限制，有时三四个小时才能下完一局。密芒（多目棋）具有多种价值：一、历史价值。藏棋（多目棋）记录了整个藏民族世代传承下来的棋艺变迁，是藏民族传统体育精神的表现。二、

文化价值。密芒（多目棋）充分展现出藏民族富于想象力，富于表现力的特点，蕴含了藏民族的多重文化特征。三、研究价值。藏棋（多目棋）是一种文化，一种情感，具有很高的研究价值。密芒（多目棋）作为一项传统的民俗活动，展现了藏族人对美好生活的期望。

密芒（多目棋）于 2020 年 7 月列入州级非物质文化遗产代表性项目名录。

201
孜久（藏棋）

孜久是一种藏棋，是藏族一项古老传统的文化活动，在其漫长的传承过程中，不断丰富、壮大，已发展成为一种内容丰富、比赛方式多样的棋类。

孜久流传于黄南藏族自治州等涉藏地区，由藏族同胞传承，广泛流传于藏族农牧民中。历史上，藏族人非常喜欢下棋，尤其在旧社会贵族阶层比较盛行，西藏历代王臣都爱好棋艺，在唐代吐蕃围棋广泛流行，著名藏族英雄史诗《格萨尔》也记载有格萨尔大王和辛巴梅乳泽与魔国大臣秦恩下棋的故事。"久"的下法与围棋截然不同，分布局和对弈两个阶段，它和"密芒"也不一样，棋盘的种类众多，如挤棋、鱼棋、狼棋、羊棋、国王和大臣棋等，都属于"久"的类型。"久"也是一种简单易学的棋，因此流传广泛，藏民族生活的情趣借此完全跃然于小小棋盘上。孜久具有多种价值：一、历史价值。孜久记录了整个藏民族世代传承下来的棋艺变迁，是藏民族丰富传统体育精神的表现。二、文化价值。孜久充分展现出藏民族富于想象力，富于表现力的特点，蕴含了藏民族的多重文化特征。三、研究价值。孜久是一种文化，一种情感的体现，具有很高的流传价值。

孜久于2020年7月列入州级非物质文化遗产代表性项目名录。

202
巴（石子游戏）

  "巴"（石子游戏）是黄南地区青少年十分喜爱的一项传统游戏。它主要是用小石子以计数的方式进行，在藏族人群中玩"巴"游戏的主要以 10 岁左右的女孩子居多，在部分偏远的牧区或是山区也有一些成年男女玩此游戏。

  "巴"（石子游戏）主要流传于黄南州的同仁市、尖扎县、泽库县以及河南蒙古自治县，作为一种娱乐游戏由藏族、土族、蒙古族同胞传承。传承人代表：夏吾吉。通常以每人将 5 颗石子同时上抛，并用手背接住小石子以数量多少的方式决定谁先开始，一般接住石子数量多者为先。游戏者一般蹲着或直接坐在地上，按照轮次进行。第一轮：第一次将一个石子往上抛后，迅速将其他四个放在地上，然后接住抛起后落下的石子，再将其抛出（每轮都需要重复一遍），依次抓两个、三个、四个，最终完成者把 5 颗石子同时上抛，用手背接住小石子，接住几个从第一轮的基础上加上石子数，即表示该玩家进行到几轮，再重复以上动作，事先达到约定轮次者为优胜者。这种游戏不受时间和空间限制，游戏规则较为简单，对游戏者手的灵活性要求较高，手与眼睛要配合默契。因此该游戏有利于提高手的灵活性及眼与手的协调配合能力，在计数过程中有助于培养心算能力和大局观念以及协调能力。"巴"作为民族新一代的传统娱乐方式，同时拥有娱乐与传承民族文化的功能。

  巴（石子游戏）于 2020 年 7 月列入州级非物质文化遗产代表性项目名录。

203

啪多游戏

　　啪多游戏是一种古老的脚石游戏，也是一种对抗性的博弈游戏。啪多游戏所用的道具为随处可见的石块，因玩法灵活多变，所以深受当地群众的喜爱。

　　啪多游戏流传于青藏高原，西至尼泊尔、印度等地，主要由藏族同胞传承。青海传承人代表：黄南地区乡村儿童及各中小学学生。以举办游戏活动的方式传承。啪多游戏的玩法灵活，道具简单。参赛者至少需要2人，选择大小适中的扁形石头（能够放在脚面上，便于夹在两脚中间），再选一块约40平方厘米，能够立起来的石板放置于间隔一定距离的地面上，作为"目标石头"，再圈定游戏区域。设置好游戏方框线后，参赛者每个人按照顺序依次完成所规定的击石程序，击中"目标石头"为赢，最先完成击石任务的参赛者为胜，当一个回合完不成任务时，可继续进行击石任务，直至决出胜负。啪多游戏是我国优秀民间文化的一部分，加强啪多游戏的开发和传承，吸引学生和更多体育游戏爱好者积极参与，有利于培养青少年的创新、探究能力。发展民族体育游戏，以传统文化的积极因素克服现代竞技的弊端，使民族传统文化的价值重新得到体现，有利于提升我国体育文化的软实力。

　　啪多游戏于2020年7月列入州级非物质文化遗产代表性项目名录。

204
射箭竞赛

射箭是河南草原"男儿三艺"之一。远古时期射箭主要应用于战争或狩猎，是牧民必备的生活技能。射箭赛场上，射箭选手们身穿鲜艳的民族服饰，手握风格各异的弓箭，屏息凝神，从站位、搭箭、瞄准、开弓、撒放到放松一气呵成，选手们为获得更多积分使出浑身解数使观者既紧张又愉悦。

射箭竞赛流传于黄南州河南蒙古族自治县优干宁镇、宁木特镇、赛尔龙乡等，由蒙古族、藏族同胞传承。传承人代表：昂杰、斗格加、冷智布。以活动竞赛的方式传承。射箭作为竞赛，其娱乐活动的属性更加凸显，河南蒙旗的那达慕盛会中的射箭竞赛是一项重要项目。在那达慕比赛中获得名次，使他们的荣誉感、幸福感有所提高。射箭是游牧社会实践中特定的生态环境所产生的，是蒙古族战斗历史的象征。射箭作为河南蒙旗那

达慕盛会娱乐项目之一，对蒙旗牧民来说，射箭娱乐活动带给了他们积极向上的生活状态，使他们在应对生活困难时更有信心，他们的生活也因此更加丰富。射箭作为一项传统的民俗活动，展现了蒙古族人对美好生活的期望。它体现了蒙古族人们的古老文化，在人类学、民族学、民俗艺术等各种领域具有重要价值。

射箭竞赛于 2020 年 7 月列入州级非物质文化遗产代表性项目名录。

205

藏传瑜伽

藏传瑜伽是一种具有浓厚藏文化特色的瑜伽。是经过藏民族长期钻研归纳，逐步衍化出的一套理论完整、确切实用的健身运动。藏传瑜伽作为一种健身方式，现已在涉藏地区普遍传开，近年来逐步传入日本，在国内各大城市中也广为流行。国内许多青年朋友，尤其是女性青年，纷纷都加入练习瑜伽的行列，以求健美体型、调养身心。

藏传瑜伽在青海省流传于黄南州尖扎地区，由藏族、蒙古族、汉族、回族等传承。传承人代表：成列、叶西卓玛。以家族传授的方式传承。藏传瑜伽的益处多不胜数，可以有效调节神经系统及内分泌系统，进而改善个人身体健康。因藏传瑜伽对心理及精神方面有积极影响，而身体、心理和精神三方面的健康又密不可分，所以藏传瑜伽使人们对整体生命有更透彻的了解。瑜伽的最终目的是拓宽个人意识，令人们更了解当下生命的意义和价值。练习藏传瑜伽的好处：一、消除疲劳，平静心境。通过使人保持一种舒畅宁静的状态而得以充分享受人生。二、锻炼身体平衡性。三、净化血液，调节体重，有效的消除脂肪，维持饮食平衡。四、刺激内分泌系统，维持内分泌平衡。

藏传瑜伽于 2020 年 7 月列入州级非物质文化遗产代表性项目名录。

206
河南蒙旗训马术

驯马，蒙古民族语言称作"享达"。"享达"是为了有效增强参赛马匹的体力、耐力、速度。"享达"一般在召开赛马会的前一两个月开始实行，为赛马会的成功举行准备好马匹。

河南蒙旗训马术主要流传于青海省黄南州河南蒙古族自治县，主要由蒙古族、藏族传承。代表传承人为公保加。在"享达"的时候要选一个吉祥的日子抓马，此后按照顺序开始进行"享达"。"享达"主要有三个要点：一是要实行马匹饲料的减少。二是要训练马匹的体力。增强体力是"享达"的重要阶段。"享达"期间，早晨和下午训练马匹的体力，这个过程需要把控合适的时间和路程。三是要马体泡水。泡水是为了治疗马匹的各种疾病和增强马匹的耐力。"享达"大多按照上述的顺序进行。最主要的还是依据马匹

的情况和主人的经验来决定"享达"的具体内容，这保证了"享达"的科学性、规范性。蒙古族被称之为"马背上的民族"，日常生活中人们与马有着非常深厚的感情，马也在很大程度上影响了游牧民族的文化。

河南蒙旗训马术于 2020 年 7 月列入州级非物质文化遗产代表性项目名录。

207

康杨花儿

康杨花儿，用康杨土话叫"花日"，是以比兴起句的传统戏剧，以即兴创作的方式歌唱。在节日期间，人们打着大伞，摇着彩扇，触景生情，边走边唱，当地群众常用马莲草拧成长绳或用竹条、柳枝放在歌手经过的路上，以示拦路对歌。

康杨花儿流传于黄南州尖扎县康杨镇，由回族、汉族同胞传承，在民间以口头歌唱的形式传承发展。花儿歌曲的特征是文词优美、格律严谨、曲调悠扬、长于抒情，听起来清新、豪放，个人独唱较少，多为搭班对唱。在花儿演唱活动中对歌时，双方或拦路相对，或席地而坐，问啥对啥。康杨花儿形式自由活泼，幽默风趣，以叙事见长。前来参加花儿会的歌手，一般由男女十人左右组成临时"花儿班子"，由一个才思敏捷、出口成诗的"串把式"负责现场编词；由两、三个歌喉嘹亮的歌手轮流领唱，待唱到"花呀莲叶儿"时，所有的人都同声应和。花儿作为一种地域文化，因其独特的地理生态、民族历史和民俗文化等传承语境，从而促进了民族性和地方化、宗教性的历史嬗变。在尊重民间文化以及文化教育普及、现代媒体变革等新语境中，著名花儿歌手纷纷登上精英文化平台，出现次生态花儿，花儿传播空间日趋广阔且多样化。

康杨花儿于 2020 年 7 月列入州级非物质文化遗产代表性项目名录。

208
藏族逗曲

"逗曲"意为相互对歌，是牧民在长期的游牧生活中，为了摆脱放牧时的寂寞而形成的一种自娱自乐的方式。人们利用放牧闲暇之余，男女三五成群围坐在一起，相互对答，相互逗唱，用形象生动的语言相互对歌，以歌对武、以歌会友、以歌抒情、以歌取乐，歌词中多运用比喻，夸张等修辞手法。

藏族逗曲流传于黄南地区泽库县境内，由藏族同胞传承。藏族逗曲作为一项大众活动，被群众广泛接受并代代流传。在对歌时，有自己亲属特别是有异性亲属在场的情况下，是不允许唱情歌的，所唱的大多是歌颂美好事物和幸福生活的颂歌，表达美好祝福的吉祥歌，以及歌手专门用来夸耀自己智慧的炫耀歌。逗曲歌词中有用牛羊或其他动物作比喻的，或用一些山川、景物作比喻。对歌中除情歌之外，其他的歌都可不分辈分大小。这些歌从多方面反映人们的劳动、生活、习俗、情趣以及自然风光，内容极为广泛。在充满浪漫气氛中把酒对歌，形成一道欢腾、快乐的草原文化景象。生活在青藏高原的藏族人民，将自己的喜怒哀乐表现在民歌和逗曲中，衬托出朴实的民风和旖旎的自然风光，反映出藏族人民善良、热情、直爽、乐观的精神面貌。

藏族逗曲于 2020 年 7 月列入州级非物质文化遗产代表性项目名录。

209
藏族鹰笛长调

　　鹰笛是笛子的一种，是最古老的乐器之一，由秃鹫的翅膀骨制作而成，又称鹰笛或鹰骨笛，藏语称"当惹"。流行于西藏、青海、云南、四川、甘肃等地的牧区。常用于独奏，是藏族青年喜爱的自娱性的吹奏乐器。鹰笛一般全长24—26厘米、管径1.5厘米左右，管内中空无簧哨，上下两端管口皆为通孔，在管的下端开有三个按音孔。制作鹰笛时，先将秃鹫翅膀骨上的肉剔刮干净，锯掉两端骨节，磨平上下管口，除去骨髓，两端管口呈椭圆形，上口较大，下口较小，从下口往上，每隔2.2厘米左右，钻一个直径0.7厘米（稍呈椭圆形）的按音孔，按音孔共有六个。

　　藏族鹰笛流传于黄南地区泽库县境内，已有1700多年的历史，由藏族同胞传承，为群众广泛掌握。藏族鹰笛在游牧时代就已经出现。藏族鹰笛属于吹奏乐器，分横笛和竖笛。按材质分为凤笛、鹰笛、鹞笛、鹫笛、胫骨号。用鹫鹰骨做的鹰笛，骨质坚硬，骨纹细密，表面光润，骨管较长而粗，音调偏低，音色浓厚；用老鹰骨做的鹰笛，骨质不如鹫鹰骨，骨管较短而细，音调偏高，音色明亮。鹰笛作为藏族传统民族器乐的重要组成部分，深受藏民族喜爱。

　　藏族鹰笛长调于2020年7月列入州级非物质文化遗产代表性项目名录。

210
藏族扎木念弹唱

扎木念，意为"声音悦耳的琴"，是一种藏式弹拨弦鸣乐器。扎木念作为一种传统音乐，古时候群臣谈话、节庆、迎宾都用它表达谈话的内容和心中的喜悦之情。现今在过年、过节、婚嫁、祝寿等喜庆之日，表演扎木念弹唱仍是盛会上重要部分。

藏族扎木念弹唱主要流传于黄南地区泽库县，由藏族同胞传承。传承人代表：普哇加、拉青加、切巴等，以举办活动和培养人才的方式传承。扎木念弹唱带有藏民族文化特征，是藏民族灵魂深处的情感表达。藏族扎木念弹唱具有历史价值：它记录着一个民族的发展，承载着藏民族古老的民俗文化。藏族扎木念弹唱具有研究价值：各地区的藏民族文化有所差异，藏文化具有多样性，使得扎木念的艺术特点、文化特点，都具有很高的研究价值。它可以作为一个研究当地文化的项目。现今很

多音乐人士专门研究扎木念弹唱，不仅对其起到了发展促进的作用，更使得扎木念弹唱的发展受到一定的关注。藏族扎木念弹唱展现了藏族人对美好生活的期望。藏族扎木念弹唱的历史悠久体现了古老的藏族文化，在人类学、音乐学、民俗艺术等各种领域所具有的重要价值。藏族扎木念弹唱以丰富的表现形式，体现出独特的文化价值。

藏族扎木念弹唱于 2020 年 7 月列入州级非物质文化遗产代表性项目名录。

211
阿柔拉让唱腔

　　阿柔拉让唱腔是流传在青海省黄南州河南蒙古族自治县的一种表现爱情内容的山歌艺术，演唱者多在山野户外，歌词内容多为男女之间传递爱慕、思念之情，阿柔拉让故被称为"情歌"。其种类丰富，数量浩繁，内容涉及爱情生活的各个方面，完整的对歌设有一定的程序，如引歌、问候歌、相恋歌、相爱歌、相思歌、相违歌、相离歌和尾歌等。

　　阿柔拉让唱腔技艺流传于河南蒙古族自治县，传承人主要为当地的藏族和蒙古族，传承人代表有德吉、才让公保等，传承方式以活动表演为主。阿柔拉让的曲调委婉抒情，节奏徐缓自如，在旋律上虽无大的变化，但经演唱者感情抒发，同样感人，没有固定的歌词，通过演唱者触景生情，随兴编唱，巧妙地运用比喻等修辞，形象而生动地向对方表达演唱者的思想感情。曲调强调音乐的语言性，节奏紧凑，旋律深沉、悠扬，形式自由，节奏规整。阿柔拉让主要采用比、兴形式进行即兴创作，歌词一般是6至8个字为一行，4行为一句，8至12句为一首，前四句是利用山水景色，吉祥动植物等打比喻，后四句则是直抒胸臆，表达情感。阿柔拉让是河南县蒙藏民族人民世代相承的传统山歌。它能够帮助河南县蒙藏人民广泛汲取民族精神养分。

　　阿柔拉让唱腔于2020年7月列入州级非物质文化遗产代表性项目名录。

212
南杰才洛说唱

《南杰才洛》是普遍流传于安多地区的一则故事，通过说唱的方式进行传唱。故事的大致内容是：年过半百的南杰才洛前半生享尽福贵，下半生穷困潦倒，孤苦无靠。饱受世态炎凉的南杰才洛深刻感悟到人生无常，劝勉人们不要沉溺于物质生活，提倡尊老爱幼和谐与共，积德向善。

南杰才洛的故事流传于安多地区，由藏族同胞传承，广泛被群众掌握并传唱。南杰才洛口述自己的故事并请人代笔写下《南杰才洛》，以身说法，作为警世喻言，流传下来，它是村民在民间文化的基础上世代继承和演变而来的传统文化，具有多重价值：一、历史价值。它记录了一个民族的发展，一个民族的文化，是祖辈们一代一代传承下来的民俗文化。在传承的过程中，具有一定的历史性。二、研究价值。藏民族文化具有多样性，文化特点颇具研究价值。现今很多专家专门研究民歌，不仅重视南杰才洛的故事，更是借此促进民歌的发展。南杰才洛说唱具有文化传承价值、情感调整价值、音乐欣赏价值、教育价值，时刻教育着世人要有正确的人生观，价值观。南杰才洛说唱历史悠久，以丰富的表现形式，体现出独特的文化价值。

南杰才洛说唱于 2020 年 7 月列入州级非物质文化遗产代表性项目名录。

213
藏族摇篮歌 ☯

　　摇篮歌是世界文学的最早类型，藏族摇篮歌旋律动听，内容丰富，而且每个地方的歌词和旋律各具特色，具有鲜明的地域性和文化特色。

　　藏族摇篮歌流传于黄南州等涉藏地区，由藏族同胞传承。藏族摇篮歌可以在孩子哭闹的时候对其进行安抚，小孩的情绪调节好后就立马能入睡。摇篮歌中深邃而丰富的思想内容通过优秀卓越的艺术形式表现出来，藏族摇篮歌具有人民性、广泛性和一定的思想性。藏族摇篮歌有多种价值：一、历史价值。它是一种具有历史代表性的民间歌谣，见证和记录着一个民族的发展，一个民族的民俗文化。它是伴随着历史的变革，经历了时代的变迁是一步步发展、延续下来的历史性的文化。二、研究价值。藏族音乐具有多样性，藏族摇篮歌的艺术特点、文化特点，具有很高的研究价值。现今很多专家专门研究藏族民间歌谣，不仅对藏族摇篮歌的发展起到了促进作用，而且也加强了对其的重视程度。藏族摇篮歌作为一项传统的个人行为活动，展现了藏族人对美好生活的期望。藏族摇篮歌的历史悠久，体现了藏族人育儿的方式，在音乐学、民俗艺术等各种领域都具有重要价值。

　　藏族摇篮歌于 2020 年 7 月列入州级非物质文化遗产代表性项目名录。

宝宝睡着了
（摇篮曲）

别哭了，悄悄地，给你一匹马，
备好马鞍给你骑，
套上笼头你去跑。
叔叔回来给你小白螺，
串起海螺你去跳舞。
小宝宝，睡着吧，给你匹马，
备好小鞍给你骑，
套上笼头你去跑。
马尾巴拴上颗小宝石，
天上摘下一颗亮星星，
折上鲜花给你戴，
抓住老鼠的长尾巴，
拴上个碌碡给你玩，
噢，好宝宝！

演唱：达日木，70岁、牧民
记录、翻译：李加才让
地点：一九八七年采录于
泽库县夏达日乡

214
智巴活佛的悲歌

智巴活佛的悲歌，也叫鬼歌，是热贡民间的拉伊名曲。它音律优美，歌词动人，记载了一个感人的爱情故事。

智巴活佛的悲歌流传于热贡地区，由黄南州同仁市加吾乡的同胞代代相传。它讲述的故事内容是：从前，热贡地区有一对年轻男女，女的长得楚楚动人，男的对她一见钟情。后两人交往，彼此相爱，一起度过了一段幸福时光，但两人因种种原因没能走到一起。不料男的突然离开了人间，女的整天消沉在痛苦之中，男的死后对爱人念念不忘，灵魂漂泊在阴阳界中没能超度，家人请了很多活佛，做了很多法事，也无济于事。于是，家人特意邀请智巴活佛算命占卜，超度他的灵魂。智巴活佛来到他们家中详细询问了解死者生前的生活情况，做了很多相关的法事，最后，结合当地民歌的各种音律，又结合拉伊的寓意，创作了这首名曲——智巴活佛的悲歌，用唱情歌的方式超度了他的灵魂。智巴活佛悲歌是从黄南民间口述中传承下来的故事，面临失传的危机，因此应当把这些民间口述史记录传承下来，并良好保存。

智巴活佛悲歌显示出鲜明的地域特色和独特的艺术风格，以其独特的表现形式，显现出民间音乐的文化景象。它历史悠久，与黄南州藏族的成长历程同步，承载着藏族人民的创造力和灵感，在音乐学、文学、民俗学等研究中具有重要价值。

智巴活佛的悲歌于2020年7月列入州级非物质文化遗产代表性项目名录。

215
藏族唐卡（曼唐画派）

"曼"是医或药的意思，"唐"则是唐卡的简称。据《藏医史》记载，藏族医药学很早就开始使用绘图的方式记录。曼唐的内容基本上就是《四部医典》和其他补充内容的形象化表现。

藏族唐卡（曼唐画派）流传于黄南州尖扎地区，由藏族同胞传承。传承人代表：索南、扎西尖措、尕藏。以师徒传授的方式传承。宇妥·萨玛元丹公布在传授《四部医典》的时候，就亲自绘制过接骨的图画，他还编了一部《脏腑解剖图》。名医昌狄·班丹措吉也十分擅长人体解剖图和药物图谱的绘制，他的著作《解剖明灯》和《药物蓝图》中就有他的绘制作品。据说流传到现在的藏医典籍有3000余部，与众不同的是，藏医学除了文字记录的形式之外，还运用了一套世界上独一无二的彩色挂图来阐述自身理论，这就是藏医曼唐（医学唐卡）。

曼唐就是一种古代留下来的藏医药唐卡，通俗地说，是17世纪起根据《四部经典》中的156章内容和其他藏族传统医学知识绘制的挂图。印度藏医学专家达师博士感叹说："12世纪就用图画形式介绍藏医学理论体系和实践技术，不但在中国医学史上绝无仅有，在世界医药史上亦属罕见"。

藏族唐卡（曼唐画派）于2020年7月列入州级非物质文化遗产代表性项目名录。

216
藏文书法
（赤干乌金字体）

赤干乌金体是藏文书法中的一种类型。它只有四线定格。字的主体占三线，长腿在三、四线间。赤干藏文书法线条遒劲，字头舒放，布局精巧，结体疏密得当，不同书体均显出轻快而劲健、凝重而灵动、舒放而练达的风格特色。

赤干乌金体流传于泽库县境内，由当地藏族学生、各中小学老师传承。琼布右迟缜密地分析和综合了前人的多种字体的特色，依照实用、简洁、美观的原则，借鉴绘制坛城图的画格方法，首次规范了乌金体，定出了字体格式，

并为每个笔画定名。自此，琼氏乌金体成为后世习字、书写和刻印的标准和楷模，这种字体庄重、高雅，主要由横平、竖直、斜曲、光圆四种笔画组成。它要求笔画光洁，同一类笔画其长度、斜度、曲度要一致；笔墨要饱满，浓淡均匀；不能有虚笔或飞白现象；字与字的间隔要相等。其书写效果是整齐划一，酷似仪仗队。赤干乌金体藏文书法教育有利于传递藏文化，促进各民族文化融合，是传承和发扬民族优秀传统文化、培养学生健康人格、提高美学修养、保持良好心态的需要，也是社会价值的艺术载体，文化交流的平台。赤干乌金体吐故纳新开创藏文书法新篇，体现了藏族人民的古老文化，在书法学、民族学、民俗艺术等各种领域所具有的重要价值。

藏文书法赤干乌金体于 2020 年 7 月列入州级非物质文化遗产代表性项目名录。

217
尖扎五谷画

　　"尖扎五谷画"是由一颗颗粒大饱满的五谷粮食，如青稞、小麦、各式油菜籽等农作物种子进行制作的绘画。这些来自农家日常生活中司空见惯的五谷粮食，经过精心挑选、排列组合，摇身一变成了精致的艺术品。尖扎五谷画可分为唐卡、名人字画、花草虫鸟、人物肖像、民俗、山水等系列。

　　尖扎五谷画流传于黄南州尖扎县拉德村，由藏族同胞传承，以开设公司的方式传承。尖扎五谷画制作工艺较为复杂：首先要选择颗粒饱满、光滑圆润、色质优良、含水量低而干燥的粮食；采用环保、无毒性的药品对这些粮食进行浸药保护处理；确定好绘图构思后，将相

关粮食取出用胶水涂抹在画面上，用牙签作工具进行创作。粮食粘贴的过程必须要小心、仔细，一颗颗粮食要按顺序排列，作品制作完成后，还需要对其进行保护处理，用刷子涂上保护液，晾干后再涂一层保护液才能完全达到防虫、蛀、腐、霉和抗氧化等作用。将其置于干燥环境下平放三天后，即可合成装框。

　　尖扎五谷画有防虫、防腐、不变形、不褪色、不涨缩、立体感强、保存久远等特点，尖扎五谷画将五谷从食用价值上升到艺术价值，使它富有了鲜活的生命和艺术的美感。尖扎五谷画的兴起，反映了现代农业社会五谷丰登、国泰民安、民族统一、欣欣向荣的景象。

　　尖扎五谷画于 2020 年 7 月列入州级非物质文化遗产代表性项目名录。

218
尖扎刺绣

尖扎刺绣主要使用鲜艳的丝线或毛线，在布料上绣制出各种图案，这些图案往往寓意吉祥、幸福和繁荣。常见的刺绣图案包括宗教符号、自然景观（如花卉、动物）、以及藏族文化中的传统图案，如藏八宝（吉祥结、宝伞、金轮、宝瓶、莲花、海螺、胜利幢、金鱼）等，这些图案不仅美观，还蕴含着深厚的文化意义和宗教信仰。

尖扎很多地区流传刺绣技艺，主要由家庭女红方式传承，传承人是广大藏族妇女。尖扎刺绣的技法多样，包括平绣、锁边绣、堆绣、打籽绣等多种针法，每一种针法都能展现出不同的视觉效果，使得作品层次分明，立

体感强。手工艺人们凭借精湛的技艺，将这些细密繁复的图案一针一线地绣制出来，既是对传统文化的传承，也是对美的追求和表达。

近年来，随着国家对非物质文化遗产保护和重视，尖扎刺绣作为一项重要的民族手工文化资源，得到了更多的关注和支持。通过举办刺绣培训班、展览和文化节等活动，不仅促进了这项传统技艺的传承和发展，也帮助当地手工艺人增加了收入，提高了尖扎刺绣的知名度和影响力。

尖扎刺绣于 2020 年 7 月列入州级非物质文化遗产代表性项目名录。

219

城上社火

城上社火是一种传统舞蹈。"社火"历史悠久，史料称："社火，在节日扮演的各种杂戏"；又称："民间鼓乐谓之社火，不可悉记，大抵以滑稽取笑。"（南宋·范成大《上元纪吴中节物俳谐体三十二韵》）。社火秧歌既是人们争相观看的社火主题，也是社火表演的核心和主要内容。

城上社火流传于西北地区，在青海尖扎县康杨镇城上村流传有独特的城上社火，由汉族同胞传承。传承人代表：蒋有才、韩长德、段家老爷等。以记录和培养人才的方式传承。古老的九天玄女庙，始建于乾隆六年，相传自从有九天玄女娘娘庙，就开始有社火。自从新中国成立后，城上社火重获新生，发展很快，以前乐器队只有一把三弦和两把二胡，现在不一样了，乐器方面有三弦、二胡、笛子、电子琴、手风琴、扬琴、葫芦丝等，能合奏演唱。城上社火是一支历史悠久的民间社火秧歌队，长期活跃在城乡之间，每年的春节期间为本县的城乡居民带去节日的欢乐和喜庆，在传承和发扬非遗文化的同时传播正能量，宣传党的各项方针政策，是一项加强民族团结的文化宣传活动。城上村社火形式独特，地方特色浓郁。

城上社火于 2020 年 7 月列入州级非物质文化遗产代表性项目名录。

220
河南蒙古族安代舞

安代舞是蒙古族传统民间歌舞，是一种以唱为主，伴之以舞蹈动作的民间歌舞形式。它由古代"踏歌顿足""连臂而舞""绕树而舞"等集体舞形式演变和发展而来。安代舞最初被认为是用来医治妇女相思病的宗教舞蹈，同时该舞蹈也含有祈求神灵保佑、消除怯病之意。

安代舞主要分布于青海省黄南州河南蒙古族自治县境内的六个乡镇，安代舞大约形成于明末清初。由蒙古族同胞进行传承，传承人代表：华公才让、周毛加。以活动表演的方式进行传承。

安代舞除了一般的舞蹈动作外，还增加了向前冲跑、翻转跳跃、凌空吸腿、腾空蜷曲、左右旋转、甩绸蹲踩、双臂轮绸等高难动作。舞蹈语汇新颖丰富，具备了稳、准、敏（速度）、美、情等特征。河南蒙古族安代舞已成为当地蒙古民族最为耀眼的文化景观。安代舞以其浓郁的"民间本色"和"癫狂之舞"

的特征而备受蒙古族人民喜爱，渐成蒙古族宗教仪礼和那达慕盛会上最受欢迎的狂欢之舞。据库伦史料记载，单场安代最长持续时间竟达40多天，其规模之大，参与人数之多，堪称中国民间舞之最。

河南蒙古族安代舞于2020年7月列入州级非物质文化遗产代表性项目名录。

221
萨吾尔登舞

"萨吾尔登"既是蒙古族民间舞曲与歌舞曲的曲牌名称，也是民间舞蹈的统称。它是一个可以自由发挥的舞蹈，深受蒙古族群众的喜爱。蒙古族不分男女老幼几乎每个人都会跳萨吾尔登舞。"托布秀尔"作为它的主要伴奏乐器，是游牧民族中造型美观、制造简便，音色优美浑厚，便于携带的拨弦乐器。

萨吾尔登主要流传在黄南州河南县蒙古族自治县，主要有广场自娱性集体舞和舞台表演性舞蹈两种表现形式。传承人代表：罗藏成立、代吉措。以记录等多种方式传承。萨吾尔登舞蹈撑腰、灵活用肩膀、上身动作自由、脚步动作少。它的主要风格体现在上半身：手、腕、肩、臂的弹、压、推、拉、揉、绕；以腰为轴的前俯后仰；肩前推则肘后顶，肩后顶则肘前推；脚慢手快，刚柔相济。下半身的动作双膝始终带弹性的屈伸颤动也体现了萨吾尔登的鲜明特点。该舞蹈富有民族特色，具有很强的创造性和艺术想象力，舞姿古朴优美，模仿人物或动物姿态惟妙惟肖，显示出诙谐幽默的特征。蒙古族萨吾尔登以独特的形式表现出蒙古族人民的生活习俗和精神风貌，反映了蒙古族与自然和谐相处的生存状态和追求美好幸福生活的期望。

萨吾尔登舞于 2020 年 7 月列入州级非物质文化遗产代表性项目名录。

222
尖扎锅庄舞

尖扎锅庄又称为"果卓""歌庄""卓""刺啦冬"等,藏语意为"圆圈歌舞",是藏族三大民间舞蹈之一。

锅庄主要分布于西藏昌都、那曲,四川阿坝、甘孜,云南迪庆及青海、甘肃的部分地区。它在黄南藏族自治州广泛流传,尤其以尖扎为甚,由藏族传承。传承人代表:桑杰卓玛、仁增措、仁青卓玛。以记录和举办活动、民间自娱的方式传承。锅庄舞起源悠久,可以追溯到遥远的人类的童年时代。迄今为止,在部分锅庄舞中,仍然体现出不少藏族传统的民俗特征。锅庄分为用于大型宗教祭祀活动的"大锅庄"、用于民间传统节日的"中锅庄"和用于亲朋聚会的"小锅庄"等,规模和功能各有不同。舞蹈时,一般男女各排半圆拉手成圈,有一人领头,分男女一问一答,反复对唱,无乐器伴奏。整个舞蹈由先慢后快的两段舞组成,基本动作有"悠颤跨腿""趋步辗转""跨腿踏步蹲"等动作,舞者手臂以撩、甩、晃为主变换舞姿,队形按顺时针行进,圆圈有大有小,偶尔变换"龙摆尾"图案。传承和发扬非物质文化遗产锅庄舞,对本地区各族群众的体育健身、文化传播、艺术教育,以及促进本地区民族团结等各方面都有着极其重要的意义。

尖扎锅庄于 2020 年 7 月列入州级非物质文化遗产代表性项目名录。

223

阿尼措日更圣湖传说

阿尼措日更圣湖，藏语称"措更"，位于泽库县恰科日乡境内，意为"古老圣湖"。其长4千米，宽2.5千米，周长7千米，面积达18万平方米，是泽库县境内唯一的湖泊，海拔3700米。据传，阿尼措日更圣湖是由藏民族聚居区著名圣山阿尼玛卿出生时肚脐所流之血形成，阿尼玛卿雪山之父赛日昂勒合，之母玛日赛宗均在湖左右，圣湖犹如一个巨

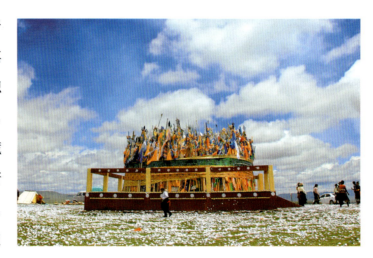

大的翡翠玉盘平嵌在玛日赛宗山腰，构成一幅山、湖、草原相映成趣的壮丽自然美景。阿尼措日更圣湖周边还流传着很多动人的传说。

阿尼措日更圣湖传说流传于黄南州泽库县境内，大都以师徒相授的方式由藏族同胞世代相传。其历史悠久，影响深远，在该县乃至整个安多地区具有很高的民间文学地位。每年农历10月25日这一天，阿尼措日更圣湖就会发出不同的声音，时而发出吹海螺声、时而发出打鼓声，使圣湖显得更加神秘。农历5月19日当地群众就会到湖边转湖煨桑举行祭湖仪式，举办赛马等民间体育活动，处处散发着欢乐与吉祥。同时，因其是该县为数不多的高原湿地之一，所以每个夏季黑颈鹤、黄鸭等候鸟都会在此地繁衍栖息。阿尼措日更圣湖的传说对于提升当地知名度、打造旅游品牌具有一定的作用。

阿尼措日更圣湖传说于2020年7月列入州级非物质文化遗产代表性项目名录。

224
藏族谜语

藏族谜语是结合了当地藏民族的文化和当地自然地理环境的具有民族特色的谜语。它产生于民间，其内容上至天文地理宇宙星辰，下至山川河流花草树木，每则谜语大致由谜面、谜底和谜目三部分组成。

藏族谜语流传于黄南地区尖扎县境内等地方，由藏族同胞传承。传承人代表：图威、哇布、久美等。以口耳相传的方式传承。藏族民间谜语中除了少量的字谜以外，大部分都是以事物的外表特征入谜，谜面抓住要猜的事物，对它的外表、形体、性质、色彩、音响、出处、用途等各方面突出的特征，用拟人、比喻、夸张、暗示等形象化手法"拐弯抹角"地描会出来，让人们根据谜面所提供的线索，通过联想、推理、判断来猜中谜底。猜谜的过程是一个学习的过程，它可以让人加深对谜底事物的印象，在笑声和成功的喜悦中掌握知识，启迪智慧，开阔视野。藏族游牧生活中所使用的藏族谜语，成为他们来往迁徙，牧场搬迁中少有的乐趣。谜语这种特殊的文学形式是劳动人民高度智慧的结晶。谜语的语言生动形象，简洁鲜明，融知识性、趣味性和娱乐性于一体，对启迪思维、开发智力、增强反应能力和对问题的综合分析能力有很大的好处。

藏族谜语于 2020 年 7 月列入州级非物质文化遗产代表性项目名录。

225
吉岗山的传说

吉岗山位于河南蒙古族自治县托叶玛乡境内，以吉岗山为背景的传说是当地少数民族的民间文学。传说认为吉岗山是去往天界的天梯。神子推巴噶瓦发愿到雪域，做黑发藏族人的君王——格萨尔王，就是通过吉岗山来到人间的。在降伏了人间妖魔之后，格萨尔功德圆满，与母亲郭姆、王妃森姜珠牡等一同返回天界，即从吉岗山升天。而后，格萨尔的三十员大将和千尊臣民幻化为无数的石碓石山，仍然昂首向天，用最美好的祝愿送别格萨尔王。

这个故事在河南蒙古族自治县广为流传。特托叶玛乡和多松乡这一带每家每户、男女老少都会讲述这传奇的故事，涉及蒙古族、藏族同胞，传承人代表：公保加。以记录和口头相传的方式传承。古神话传说和佛经传说，虽是人们的想象，但吉岗山的壮美多姿却超乎想象，比传说更美妙无比，天然风光雄奇壮美，旖旎迷人，主峰海拔为4078米，山势雄伟、陡峭、岩石赤裸、沟深坡陡，峰之巅长年积雪，终年不化。它是广大佛门信徒神往的猴年转山圣境。吉岗山在整个河南蒙古族自治县有着重大的影响力，特别是在民间文学和地理环境的认知度方面，给后辈人们留下了一定的认识空间。

吉岗山的传说于2020年7月列入州级非物质文化遗产代表性项目名录。

226
李恰如山的传说

李恰如山位于河南蒙古族自治县县城东北部 50 公里处，是西倾山支脉，洮河发源于此，风光壮丽，景色优美，更有丰富的人文传说，李恰如山的传说便是传统民间文学。它是一篇带有民族特色的长篇传说。

李恰如的传说流传在黄南州河南蒙古族自治县。由蒙古族、藏族传承。传承代表人：才让多。以资料留存的方式进行传承。相传很久很久以前，人喝了李恰如山顶的水，脖子上会生出一个大肉瘤，牲畜喝了这水就会掉膘，人们生下的女孩不是聋就是哑，要不就满脸长麻子，而且越长越丑，因此人们相继搬走，到后来只剩下克桑一家三口没有走。克桑的老伴叫柏姆，女儿叫卓玛措。老两口的脖子上各长一个大肉瘤，而勤快善良的女儿却面容丑陋，满脸长满麻子，快到出嫁的年龄了，无人上门提亲。后受一位白衣少年指点："想要去掉肉瘤，挖掉屋后石头。"克桑老人与老伴以及女儿拿上工具到屋后挖倒石头并抬出来后，一眼清凉的泉水向上喷涌，一会儿就变成一条河流到山下去了。河水清凉甘甜，沁人肺腑，十分凉爽。数月后两个老人的大肉瘤消失了。女儿卓玛措也越来越高挑美丽。一天晚上，那位英俊的白衣少年来到克桑面前，要娶卓玛措为妻。女儿笑着说："阿妈，你们别愁我的婚事，到时候你们就知道了。"后来，有人在晴天的时候，看到湖水中映现出龙宫的影子，还听到隐隐约约的鼓乐声。那就是卓玛措和白衣少年在欢度幸福时光。李恰如山在整个河南县及赛尔龙乡（达参）有着重大的影响力，特别是在民间文学和地理环境的认知度方面。

李恰如山的传说于 2020 年 7 月列入州级非物质文化遗产代表性项目名录。

227

河南蒙古族谚语

谚语是一种特殊文学形式，是由民间集体创造，且广为口传、言简意赅并较为定型的艺术语句，是民众的丰富智慧和普遍经验的规律性总结。恰当地运用谚语可使语言活泼风趣。谚语在人民群众口头流传中形成固定的程式，用简单通俗的话来反映深刻的道理。它句式短小，部分押韵，讲究对称，具有诗的特点。由于特殊的环境和人群，谚语的内容和比喻词等各方面都是根据描述对象的特征决定。谚语反映的内容涉及到社会生活的各个方面。

河南蒙古族谚语流传在黄南州河南蒙古族自治县，由蒙古族、藏族同胞传承，传承人代表：才让东智、斗格加、斗格才让。以资料保存等方式进行传承。谚语是人民群

众口头流传的固定语句，用简单通俗的话来反映深刻的道理。恰当地运用谚语可使语言活泼风趣，增强语言的表现力。谚语多半在民间口语中广泛流传，表达人们丰富的社会生活经验，闪耀着人民智慧的光芒。

谚语是民众丰富智慧和普遍经验的规律性总结，河南蒙旗谚语是蒙古传统部落文化的优秀代表，是传统文化的结晶，具有典型的民族性、地方性和文化价值。

河南蒙古族谚语于 2020 年 7 月列入州级非物质文化遗产代表性项目名录。

228
阿柔灵巴的故事

　　"阿柔"这名字来源于一个传说，阿尼玛卿雪山顶上自然出现一个藏文字母的字样，这一带的部落看到这一圣迹统称为"阿柔"。"柔"，意为族种。"阿柔"有许多说不完的阿柔灵巴的故事（灵巴是藏语，意为耿直憨厚），阿柔灵巴讲述的是在藏民族聚居区源远流长和广为人知的一个幽默故事，故事主角不善于思考，性子直，福气大，做事能力看似较弱、较笨拙，实则大智若愚。该故事内容丰富寓意深刻，象征着藏族人民的勤劳、勇敢、诚实和善良。

　　阿柔灵巴的故事流传在黄南州河南蒙古族自治县，主要传承人有蒙古族、藏族同胞。传承人代表有拉叶、索洛、南木力等。以民间口授的方式代际相传。阿柔灵巴的故事富有民间传说色彩，有一定的哲理性和趣味性，贴近生活，它不仅是一种民间传说，更是民众集体智慧和创造力的结晶，且具有知识性、启迪教育等作用。随着时代的变迁，特别是年轻一代对民间传统文化和民间传说故事的重视程度不高，整个宁木特镇只有百分之二十左右的人才会讲述此故事。

　　阿柔灵巴的故事于 2020 年 7 月列入州级非物质文化遗产代表性项目名录。

229
俄毛拉热的传说

　　俄毛拉热的传说是同仁地区重要的民间文学，其故事曲折动人，寓意深刻，弘扬善良，鞭挞邪恶。

　　俄毛拉热的传说流传于黄南地区，由黄南州同仁市各乡镇群众代代相传。故事大致内容是：从前在热贡的一个村庄里有个很富有的农户，他家有一个女儿，名叫拉热，是一个非常美丽、善良的姑娘。她长大后，父母让她嫁到汉族地区的一个大户人家做儿媳，她在那里受尽了折磨，最后她去拉萨一心向佛出家修行，修得圆满后化身一只雕回家。回家后发现家中母亲已去世，因此对这个世界极度厌倦，就领着家中一只白山羊来到麦秀地区达萨塘附近的一处岩穴，只靠着山羊的奶修行佛法。山羊死后，俄毛拉热将其尸体进行了火祭并建了一座白塔，后她也修成正果。为了纪念俄毛拉热，就流传下来了这一段传说，还流传着一段优美的长诗，埋藏她的岩穴如今叫达萨热玛噶毛（意为白山羊），到目前还能见到其遗迹。俄毛拉热的传说具有多重价值：一、文学价值。俄毛拉热的传说是黄南藏族世代传承下来的民间文学，记载了藏民族丰富的情感和思想。二、艺术价值。俄毛拉热的传说和演唱方式都具有着藏民族独有的特性，它的唱调和歌词具有很高的文化价值。

　　俄毛拉热的传说于2020年7月列入州级非物质文化遗产代表性项目名录。

230
热贡八大仙人洞的传说

热贡八大仙人洞的传说是指八个修行圣地的传说，这八个修行圣地每个圣地都流传着一个仙人修行成功的故事。

热贡八大仙人洞的传说流传于热贡地区，由藏族同胞传承。通过记录和民间口授的方式传承。热贡八大修行圣地为：西贡圣地、德合龙圣地、江格拉则圣地、丹布知噶日圣地、塔日木宗麻日圣地、贡姆格康圣地、贾干奶莫圣地、卡刚圣地。尕土多杰昂在西贡圣地长期修行并得到正果，认为此地是一个盛乐殿；齐多尼玛科尔在德合龙圣地修行成功；西勒尔巴在江格拉则圣地修得正果；普巴勒朝因身患麻风病，在丹布知噶日圣地以金刚手菩萨修行法修行而脱离了病危；阿土玉叶热巴长期在塔日木宗麻日圣

地进行宗合本尊神的修行，拜见了本尊神并征服吉祥天女，最后修得正果；展巴南卡在贡姆格康圣地长期修炼，取得正果；贾干奶莫圣地、卡刚圣地也都有修行者的痕迹。热贡八大修行圣地的传说诞生于现实生活中，又具有神秘的宗教色彩，讲述了古代人民的朴实修行和不屈不饶的斗争精神。这些美丽的传说丰富了群众的的精神生活，成了"非物质文化遗产"的重要组成部分，对延续中华民族的历史、传承中华民族的文明多样性起到重要的作用。同时，它反映了本地民族的一些习俗、信仰、社会情况，这些都是本地区民族整体文化的一部分。

热贡八大仙人洞的传说于2020年7月列入州级非物质文化遗产代表性项目名录。

231

格萨尔

　　格萨尔是一部史诗，主要以说唱的表演方式讲述了藏族英雄格萨尔王的故事。它主要描写了雄狮国王格萨尔以大无畏的精神率领岭国军队南征北战、降伏妖魔、抑强扶弱、救护生灵，使百姓过上安宁日子，晚年重返天国的一系列故事。

　　格萨尔流传于西藏、青海、四川、甘肃等地，由藏族、蒙古族、土族同胞传承。泽库传承人代表：万玛昂青、旦正才让、加毛太等，以社会和学校教育的方式传承。说唱英雄史诗《格萨尔》，不仅成为传统意义上的历史文化传承，更是艺术意义上的审美活动。艺术化的传承方式，不仅使英雄史诗更加深入人心，而且在历史传承中生发出一枝曲艺表演的艺术之花。史诗包含了神话、传统民歌、格言谚语等内容，具有雄浑壮丽、多姿多彩的艺术风格。格萨尔传说是一部伟大的英雄史诗，它以浩瀚无际的篇章，生动的战争描写和人物的刻画，反映了藏民族历史的发展和变迁，它是藏族文化宝库中最珍贵、最有价值的代表作，是藏族人民智慧的结晶，也是研究古代藏民族社会的一部百科全书。格萨尔史诗历史悠久，它体现了藏族人的古老文化，在人类学、民族学、民俗文化等领域具有重要价值。格萨尔以丰富的表现形式，体现出独特的文化价值。

　　格萨尔于 2020 年 7 月列入州级非物质文化遗产代表性项目名录。

232
尖扎能果儿童罗雅节

"罗雅节"是尖扎县贾加乡能果村的一个民俗节日，它寓意着本村人民对未来美好生活的向往，希望在下一年里风调雨顺，丰收硕果，人民幸福安康与和谐，也是孩子们期待的节日。

尖扎能果儿童罗雅节流传在黄南州尖扎地区，由藏族同胞传承。传承人代表：格西拉嚷巴、格西俄嚷巴、罗旦，以创立节日的方式传承。节日在每年农历十一月十六日举行，头人带领所有小孩到每家每户要罗雅果实。到了每家门口，站在门槛之外送祝福，起唱祝词（罗雅，罗雅，今年您家丰收硕果，子孙满堂，长命百岁，无灾无难）。那家主人会送给小孩们水果、肉类、面粉、柴火、蔬菜等，就这样到每家每户门口送完祝福后，负责人把小孩们带来的食材整理好给小孩做出热喷喷的大锅饭。这期间小孩们在一起玩耍、唱歌、跳舞等，等待着吃罗雅饭。罗雅饭做好后，小孩们拿着碗筷整齐地坐在麻尼房廊道里唱着祝词，吃着美味的饭菜，度过罗雅节。

罗雅节是伴随着儿童群体的成长而产生的，它作为民俗节日培养了社会的一致性，丰富了中华民族的民俗文化活动，强化了民族精神，塑造了民族品格。

尖扎能果儿童罗雅节于 2020 年 7 月列入州级非物质文化遗产代表性项目名录。

233

河南蒙旗古列延大营

　　"古列延"是蒙古族历史文化中的一个特殊概念,在现代蒙古语里具有院子、院落、庭院、围墙、范围、领域、框子、圈、营盘等多种意义。据《河南县志》记载:古列延是由"帐房或蒙古包围成圈形集聚点",也就是许多帐幕在原野上围成一个个蒙古包圈子,牧民驻扎下来形成一个小的游牧社会组织。

　　河南蒙旗古列延大营流传在黄南州河南蒙古族自治县。由蒙古族、藏族同胞传承。传承人代表:斗格杰。以景点宣传和举办活动的方式进行传承。当地六个乡镇每年都会举办河南县古列延大营,且建成古列延旅游度假区,游客不仅可以观赏草原美景,还可以住蒙古包(大多是改建成专作旅游住所),享用草原民族的典型风味餐饮,体会独特浓郁的蒙古民族文化风情。黄河南部蒙古古列延大营的存在从另一个角度印证了居住在河南草原的蒙古族一直保留和延续着蒙古古老古列延游牧组织,"古列延"大营在当地文化体系中发挥着特殊的作用,可谓是当地蒙古人独特的思维模式。古列延大营这一独特布营方式体现了当地蒙古族的军事、游牧、狩猎历史文化。蒙古古列延大营自诞生以来不仅是群体性活动展现,也是蒙古族相互团结、行为统一、安全游牧的保障。

　　河南蒙旗古列延大营于 2020 年 7 月列入州级非物质文化遗产代表性项目名录。

234
坛城制作技艺

坛城源于印度佛教密宗，系密宗本尊及眷属聚集的道场，是藏传佛教密宗修行时必须供奉的一种对象，藏语中称"集阔"，有"中轮""轮圆"之意。坛城制作技艺是一种绘制坛城的传统手工技艺。坛城的制作方式有很多种。

坛城制作技艺流传于黄南地区同仁等地，由藏族同胞传承。它的历史可追溯至2500多年前，佛祖释迦牟尼亲自教导弟子制作沙坛城开始，这门精致绝伦的宗教艺术，开始历代相承从不间断。坛城制作技艺中最独具特色的是沙画坛城。它用数百万颗从天然的矿石中开采的彩沙来描绘神秘的佛教世界，其基本色为红、黄、蓝、绿、白，制作者用这些基色来调配出其他的颜色。制作坛城沙画最重要的工具是锥形铜管，宽口的铜管用在空白较多的地方，尖细形的铜管主要用于坛城外缘比较细致的地方，铜管上还有锯齿，轻轻刮敲锯齿可以控制沙的流量。坛城作为象征宇宙世界结构的本源，是变化多样的本尊神及眷属众神聚居处的模型缩影。坛城以立体或平面的方、圆等几何图形塑或绘制神像与法器，用来表现诸神的坛场和宫殿，方、圆等几何图形则暗指佛教世界的结构。由于密教修法的内容不同，坛城的设置形式和内容也各不相同，极其复杂。坛城制作技艺作为一项民间技艺，满足了广大群众的精神需求，丰富了群众文化，为藏学及藏族艺术的研究提供了鲜活的资料，具有很高的历史文化价值。

坛城制作技艺于2020年7月列入州级非物质文化遗产代表性项目名录。

后记

。

　　黄南藏族自治州全域在黄河流域，是黄河上游形成非物质文化遗产的第一个片区，独特的地理位置，多元的民族构成，悠久的历史文化造就了黄南藏族自治州璀璨的非物质文化遗产，毫不夸张地说，这里有人皆非遗，无处不文化。因此，为黄南藏族自治州编纂一本关于非物质文化遗产的书，是黄南各族人民的心愿。

　　中共黄南州委和州政府高度重视非物质文化遗产的申报、保护、传承工作，紧紧围绕党中央、国务院及省委、省政府的工作部署，将非物质文化遗产保护工作作为文化建设的一项重点工作，为肩负起保护、传承、弘扬非物质文化遗产价值的历史担当，坚持"保护为主、抢救第一、合理利用、传承发展"的工作方针，秉承"见人见物见生活"的非物质文化遗产工作理念，通过挂牌成立专门机构、完善政策措施、改善发展环境、丰富保护方式等措施，不断推动非物质文化遗产的创造性转化和创新性发展，探索出了一条既符合人类文化遗产保护规律和国家保护标准，又有利于传承弘扬热贡文化的整体性保护和后续产业发展的新路子，使黄南真正成为非遗的高地，让非遗成为黄南发展的自信和动力。

　　截至目前，全州现有各级非遗名录项目 600 余项，其中：人类非物质文化遗产代表作名录 2 项，国家级 8 项，省级 36 项，州级 192 项，县级 448 项。为了将这些丰富的非遗名录整理成书，黄南州文旅局成立了《黄南藏族自治州非物质文化遗产名录图典》编纂委员会，从 2022 年 3 月着手编纂此书，经过努力于 2023 年 12 月形成初稿，编撰过程中我们得到了青海省文化和旅游厅、黄南州委、州政府等相关部门的大力支持，书稿形成后分送有关单位、专家、学者及部分非遗项目传承人征求意见，并做进一步的修改和完善。

　　书稿即将付梓，既有感激之情又有忐忑之心，感谢所有领导、专家、学者的关心支持。忐忑书中有错漏之处，敬请读者批评指正。

《黄南藏族自治州非物质文化遗产名录图典》编辑委员会